COLLECTION L. G.

ESTAMPES

ET

DESSINS

MARS 1894

Me M. DELESTRE

COMMISSAIRE-PRISEUR

27, Rue Drouot

M. A. DANLOS

MARCHAND D'ESTAMPES

3, Quai Malaquais

CATALOGUE

D'ESTAMPES

ANCIENNES

DE TOUTES LES ÉCOLES

ET

DESSINS

COMPOSANT

LA COLLECTION DE FEU M. L. G.

DONT LA VENTE AUX ENCHÈRES PUBLIQUES

AURA LIEU

Hôtel des Commissaires-priseurs, rue Drouot, 9

SALLE N° 10

Du Lundi 4 au Samedi 9 Mars 1894

A DEUX HEURES TRÈS PRÉCISES

Par le ministère de M° **MAURICE DELESTRE**, Commissaire-priseur

RUE DROUOT, 27

Assisté de M. A. **DANLOS**, marchand d'estampes

QUAI MALAQUAIS, 5

CONDITIONS DE LA VENTE

Elle sera faite au comptant.

Les acquéreurs paieront cinq pour cent en sus des enchères applicables aux frais.

M. A. Danlos, chargé de la direction de la vente, se réserve la faculté de réunir ou de diviser les lots.

ORDRE DES VACATIONS

Lundi 4 Mars. .	Estampes	176 à 385
Mardi 5 Mars. .	—	386 à 606
Mercredi 6 Mars.	—	607 à 822
Jeudi 7 Mars . .	—	823 à 1008
Vendredi 8 Mars.	—	1009 à 1111
—	Dessins	1 à 95
Samedi 9 Mars.	Estampes	1112 à 1172
—	Dessins	96 à 175
—	Livres	1173 à 1198

DÉSIGNATION

DESSINS

ALLEGRI (Attribué à Aɴᴛ.), dit le **CORREGE**.

1. Étude d'anges.
   > A la plume. Collection Volpato.
   >> Haut. 0,255; larg. 0,475.

BARBIERI (F.), dit le **GUERCHIN**.

2. Saint Paul en contemplation tenant une lance à la main.
   > Au crayon rouge.
   >> Haut. 0,418; larg. 0,280.

BAUDRY (P.).

3. Étude pour un plafond.
   > Au crayon noir.
   >> Haut. 0,500; larg. 0,470.

BELLA (Stephanus della).

4. Deux dessins. Paysages.

> A la plume.

BELLINI (Gentile).

5. Sept études de Moines et, dans le bas, une tête de Turc. Au verso, six Turcs dont un, à gauche, est à cheval et semble se retourner à l'appel d'un Musulman qui occupe la droite.

> A la plume, légèrement lavé. Collections Reynolds, W. Esdaile, Th. Lawrence et E. Galichon.
>
> Haut. 0,112 ; larg. 0,280.

BENVENUTO CELLINI (Attribué à).

6. Ornement. On remarque dans la composition un homme qui se retourne pour saisir par la chevelure un géant énorme qui mord à belles dents son corps terminé en queue de poisson.

> A la plume, lavé d'encre de Chine. Collections de la Reine de Suède, Th. Lawrence, Zoomer et E. Galichon.
>
> Haut. 0,310 ; larg. 0,150.

BOILLY (L. et J.).

7. Trois dessins :

> Étude de jeune homme penché sur une table et examinant un médaillon qu'il tient à la main.
>
> Au crayon noir et estompe.
>
> Portrait de jeune garçon.
>
> Au crayon noir rehaussé de blanc. Signé.
>
> Portrait de jeune femme.
>
> Au crayon noir et estompe.

BONHEUR (ROSA).

8. **Trois moutons couchés.**

Gouache. Signée.

Haut. 0,134; larg. 0,208.

BONNINGTON (R.).

9. **Vue de la cathédrale de York.**

A la mine de plomb.

Haut. 0,455; larg. 0,344.

BOUCHER (F.).

10. **Étude d'amour.**

Aux crayons rouge et blanc.

Haut. 0,395; larg. 0,240.

BOULLONGNE (LOUIS DE).

11. **Vertumne et Pomone.**

Au crayon noir rehaussé de blanc.

Haut. 0,356; larg. 0,450.

MICHEL-ANGE et RUBENS

12. **Ganymède. Les bras passés au-dessus des ailes de Jupiter, les jambes entre les serres puissantes de l'oiseau, Ganymède est transporté dans le ciel.**

Une vue excellente peut distinguer encore, sous le lavis délicat et les blancs ajoutés par Rubens, à qui ce dessin a appartenu, le travail à la pierre noire de Michel-Ange. Tel qu'il est, ce dessin précieux a cessé d'être l'œuvre de Michel-Ange pour devenir l'œuvre de Rubens. Collections Rubens, Mariette, Th. Lawrence, Woodburn et E. Galichon.

Haut. 0,285, y compris les marges du bas et du haut ajoutées par Mariette; larg. 0,240.

BUONAROTTI (Attribué à MICHEL-ANGE).

13. Deux études pour son Jugement dernier. Des anges en-
    lèvent au ciel des Bienheureux.

> A la plume et au lavis d'encre de Chine.

> Haut. 0,248 ; larg. 0,210.

14. Étude pour le Jugement dernier. Deux damnés, un homme
    nu assis et une vieille femme penchée vers lui tendent
    leurs mains au ciel.

> A la pierre noire et au lavis de bistre. Collection Volpato.

> Haut. 0,214 ; larg. 0,240.

BURGMAIR (HANS) (Attribué à).

15. Fragment du Char triomphal de l'empereur Maximilien,
    d'après Albert Durer. Ce fragment est identique avec la
    planche G des gravures sur bois. Deux femmes person-
    nifiant la Hardiesse et la Magnanimité conduisent deux
    chevaux richement harnachés.

> A la plume, lavé d'indigo. Collection F. Didot.

> Haut. 0,215 ; larg. 0,296.

CALAME (AL.) et LALANNE (M.).

16. Trois dessins :

> Vue du Simplon.
> Vue de Saint-Loup.
> Château au milieu d'un étang.

> Crayon noir et fusain.

CAMBIASO (LUCAS).

17. Lucrèce se perçant le sein.

> A la plume et au lavis de bistre.

> Haut. 0,315 ; larg. 0,190.

CAMPI (BERNARDINO), de CRÉMONE.

18. Un homme nu assis, les jambes croisées et un des bras
élevés. Derrière lui, un enfant également nu, vu de dos,
et une femme dont on n'aperçoit que la tête.

A la plume, sur papier verdâtre.

Haut. 0,142; larg. 0,118.

CANAL (ANTOINE), dit CANALETTO.

19. Vue d'une place à Padoue.

A la sépia et au lavis d'encre de Chine.

CANO (ALONZO).

20. Sainte-Famille au repos. La Vierge, assise au pied d'un
arbre, contemple l'Enfant-Jésus endormi sur ses genoux;
saint Joseph, agenouillé, l'adore.

A la plume et au lavis de sépia. Collections Boilly et Émile
Galichon.

Haut. 0,180; larg. 0,245.

CANU (LE).

21. Décoration d'un lit.

A la pierre noire, rehaussé de blanc.

Haut. 0,325; larg. 0,270.

CARRACHE (ANNIBAL).

22. Paysage. Dans le fond, à travers de grands arbres, on aperçoit une ville défendue par un mur crénelé que baigne
un lac.

A la plume. Collection E. Galichon.

Haut. 0,260; larg. 0,385.

23. Paysage. Dans le fond, une colline et quelques chaumières.

A la plume, lavé d'encre de Chine.

Haut. 0,211; larg. 0,326.

CHINOIS (Dessins).

24. Joueurs d'instruments.

> Quatre dessins très fins sur papier de riz.
>
> Haut. 0,280; larg. 0,180.

25. Cérémonies religieuses et autres.

> Onze dessins sur papier de riz.

CLOUET (École de).

26. Jeune seigneur vu presque de face, une toque avec médaille et plume sur la tête; son costume est parsemé de boutons.

> Aux trois crayons. Collection E. Galichon.
>
> Haut. 0,290; larg. 0,175.

27. Maréchal Dutran. Il paraît avoir quarante et quelques années. Une toque ornée de perles sur sa tête; une pelisse garnie de fourrures recouvre son justaucorps.

> Aux trois crayons. Collection E. Galichon.
>
> Haut. 0,145; larg. 0,180.

COCHIN (C.-N.) LE FILS.

28. Un jeune homme attaqué dans la rue est défendu par des femmes. Dans la marge on lit : *C.-N. Cochin filius delin.*, 1772, et en dessous : *Que faites-vous, il n'est pas Italien, il est Florentin.*

> A la sanguine.
>
> Haut. 0,120; larg. 0,170.

COUSIN (Jean).

29. Le Sauveur descendu de la croix. Composition qui diffère un peu du même sujet gravé par le même artiste. Dans le coin droit, au bas, on lit d'une écriture du temps : *M. Jehan Cousin.*

> A la plume, lavé au bleu d'Inde. Collection F. Didot.
>
> Haut. 0,245; larg. 0,217.

30. Une scène mythologique. Sur le premier plan, Prométhée tout nu est assis sur un rocher; son attitude exprime la terreur. Derrière lui, une océanide, les bras élevés, implore Jupiter assis sur un nuage.

A la plume, lavé au bleu d'Inde. Collections Despéret et F. Didot.

Haut. 0,230; larg. 0,210.

31. Une scène mythologique Au milieu de l'océan, un corps étendu sur un radeau offre un savant raccourci. Au second plan, à gauche, un triton sonne dans une conque; à droite, un monstre marin. Au fond, sur un rocher en pleine mer, on voit deux personnes nues assises.

A la plume, lavé au bleu d'Inde. Collections Despéret et F. Didot.

Haut. 0,320; larg. 0,210.

32. Le songe d'Athalie. Dans un lit richement sculpté et surmonté d'un dais, une Reine est endormie. En haut, Dieu le Père, escorté de deux anges et supporté par un nuage, tend vers la Reine sa main droite, dans laquelle il tient un globe surmonté d'une croix, tandis que sa main gauche est dirigée vers le ciel.

A la plume, lavé de bistre. Collection F. Didot.

Haut. 0,252; larg. 0,210.

33. L'Adoration des bergers.

Au lavis d'encre de Chine.

Haut. 0,200; larg. 0,310.

COUSIN (Attribué à J.).

34. Isaac offrant un chevreau rôti à Abraham.

A la plume, lavé de bistre.

Haut. 0,215; larg. 0,215.

CREDI (Lorenzo di).

35. La Vierge tenant l'Enfant-Jésus dans ses bras.

A la mine d'argent, sur papier teinté rouge. Collection Despéret.

Haut. 0,145; larg. 0,090.

CUYP (Albert).

36. Moulins bâtis sur une rivière.

> A la plume, à l'encre de Chine et au bistre. Collection E. Gali chon.
>
> Haut. 0,145 ; larg. 0,190.

DECAMPS (A.-J.).

37. Deux dessins :

> Turc assis à terre, une longue pipe dans la main droite.
>
> Mine de plomb. Signée D. C. Collection E. Galichon.
>
> Haut. 0,140 ; larg. 0,120.

> Paysanne accompagnée d'une jeune fille se disposant à ouvrir la porte d'une étable à pourceaux.
>
> A la plume. Collection E. Galichon.

38. Chiens au chenil.

> A la sépia rehaussé de blanc. A été gravé.
>
> Haut. 0,228 ; larg. 0,255.

DELACROIX (Eugène).

39. La Guerre. Groupe d'enfants et de femmes qui fuient.

> A la mine de plomb sur papier calque. Collection E. Galichon.
>
> Haut. 0,240 ; larg. 0,290.

DE MARNE (J.-H.).

40. Près d'un arbre déraciné, une jeune bergère caresse son chien ; plusieurs vaches paissent dans la prairie ; au fond, à droite, la ferme vers laquelle se dirige une voiture chargée de foin.

> Au crayon noir. Signé. Collection E. Galichon.
>
> Haut. 0,280 ; larg. 0,420.

DEVÉRIA (Achille).

41. Deux dessins ayant servi à l'illustration d'un livre :

Le Saltimbanque.
Les Ménétriers de village.

Au lavis de sépia.

Haut. 0,128 ; larg. 098.

DORÉ (Gustave).

42. Un homme du peuple, tenant d'une main un sabre dont la lame est à moitié brisée, soutient de l'autre main une jeune femme personnifiant la République. Il semble vouloir la défendre contre deux squelettes, l'un mitré et l'autre casqué.

Au lavis d'encre de Chine, rehaussé de blanc. Signé et daté 1871.

Haut. 0,316 ; larg. 0,284.

DREUX (Alfred de).

43. Cavalier lancé au galop.

A la plume.

Haut. 0,280 ; larg. 0,498.

DUMOUSTIER (École de).

44. Tête de femme. Elle est vue presque de face, le corps légèrement tourné à gauche ; ses cheveux sont relevés sur la tête, une collerette à peine indiquée encadre son visage et une chemisette dentelée voile le bas de sa poitrine décolletée.

Aux trois crayons. Collection E. Galichon.

Haut. 0,285 ; larg. 0,218.

DURER (Albert).

45. Deux têtes. L'une, à gauche, est celle d'un homme chauve et barbu, l'autre est celle d'un fou qui ricane.

> Peinture à l'eau sur une toile préparée en bleu. Collection E. Galichon.
>
> Haut. 0,290; larg. 0,215.

46. Paysage. Château fort accessible seulement par un pont; à droite, un homme qui conduit une gondole.

> A la plume. Collection E. Galichon.
>
> Haut. 0,117; larg. 0,175.

47. Sainte-Famille au repos. La Vierge est assise, au milieu d'un paysage, sur un banc de gazon maintenu par des planches; elle offre un œillet à l'Enfant-Jésus assis sur ses genoux; à droite, saint Joseph dort, appuyé sur le banc.

> A la plume. Sur le banc on a ajouté très postérieurement le monogramme de Martin Schongauer. Collections W. Esdaile et E. Galichon.
>
> Haut. 0,290; larg. 0,215.

48. L'Assomption de la sainte Vierge. Composition analogue à celle faisant partie de la Vie de la Vierge, gravée sur bois d'après Durer, sauf que Dieu le Père n'y figure point.

> A la plume, lavé d'aquarelle. Le papier porte le filigrane de la tête de bœuf. Collections Andréossy et F. Didot.
>
> Haut. 0,388; larg. 0,350.

DURER (D'après Albert).

49. Saint Christophe. Copie ancienne identique, trait pour trait, avec la gravure sur bois, d'après Durer, représentant ce Saint.

> A la plume, lavé de bistre. Collection F. Didot.
>
> Haut. 0,220; larg. 0,220.

DUSART (Corneille).

50. Trois buveurs dans un cellier.

> A la plume, lavé d'encre de Chine.
>
> Haut. 0,200; larg. 0,158.

DYCK (ANT. VAN).

51. Le Triomphe de la Paix sur la Guerre. Minerve chasse du
séjour de la Paix l'Envie, la Haine et l'Hydre de la dis-
corde. La Paix, appuyée sur une corne d'abondance, est
assise sur un trône.

> A la pierre d'Italie avec reprises à la plume, au crayon rouge, à
> la sépia, et rehaussé de blanc. Collection E. Galichon.
>
> Haut. 0,245 ; larg. 0, 315.

DYCK (Attribué à ANT. VAN).

52. Tête d'homme.

> Étude aux deux crayons.
>
> Haut. 0,238 ; larg. 0,180.

ÉCOLE FLAMANDE (XVIIᵉ siècle).

53. Trois enfants vendangeant.

> Aquarelle.
>
> Haut. 0,180 ; larg. 0,165.

ÉCOLE FRANÇAISE (XVIᵉ siècle).

54. Vase d'église avec goupillon. Sur la panse, le roi David ; une
tête d'ange au point d'attache de l'anse.

> A la plume, lavé d'encre de Chine.
>
> Haut. 0,410 ; larg. 0,255.

55. Aiguière avec tête et col de chimère pour bec ; l'anse est
ornée aux extrémités par une tête de chien.

> A la plume, lavé d'encre de Chine.
>
> Haut. 0,410 ; larg. 0,255.

ÉCOLE FRANÇAISE (XVIIᵉ siècle).

56. La Discipline. Un prêtre fouette une religieuse ; sur la
gauche, une seconde étude de la religieuse.

> Plume et mine de plomb.
>
> Haut. 0,168 ; larg. 0,145

ÉCOLE ITALIENNE (xvie siècle).

57. Un concert religieux. Très grande composition pour une coupole. Trente-huit personnages, hommes, femmes et enfants prennent part à ce concert.

> A la plume, légèrement lavé de bistre. Collections Andréossy et F.-Didot.

58. Hercule étouffant Antée.

> A la pierre noire et au crayon rouge.
>
> Haut. 0,240 ; larg. 0,140.

59. Études de têtes au recto et au verso d'une même feuille.

> A la plume.
>
> Haut. 0,215 ; larg. 0,245.

60. La Vierge et saint Pierre. Saint Pierre est agenouillé aux pieds de la Vierge ; autour d'eux les apôtres. Grande composition de treize figures.

> A la plume et au lavis de bistre. Sur papier verdâtre.
>
> Haut. 0,353 ; larg. 0,450.

61. La Présentation au temple. Grande et importante composition de huit figures.

> A la plume et au lavis de bistre rehaussé de blanc. Sur papier verdâtre. Collection Volpato.
>
> Haut. 0,382 ; larg. 0,450.

FARINATO (P.) de Vérone.

62. Étude de femme.

> Collection Villot.
>
> Haut. 0,353 ; larg. 0,284.

FRAGONARD (Honoré).

63. Une femme en chemise, les seins découverts, s'oppose à l'entrée d'un jeune homme dans sa chambre.

> Dessin de forme ovale, au crayon noir lavé d'encre de Chine.
>
> Haut. 0,310 ; larg. 0,230.

64. Un jeune homme vu de dos, assis sur un banc, essaye d'embrasser une jeune femme, qui se défend.

> Esquisse de formé ovale au crayon noir, légèrement lavée d'encre de Chine.
>
> Haut. 0,199; larg. 0,238.

65. Paysage. Le Canet près de Cannes.

> Au crayon noir avec lavis de bistre.
>
> Haut. 0,138; larg. 0,170.

FRAGONARD (Attribué à H.).

66. Étude de trois figures de jeunes femmes.

> A la plume et lavis d'encre de Chine.
>
> Haut. 0,178; larg. 0,146.

FREY.

67. Portrait de Barnave. Il est représenté assis, écrivant dans sa prison.

> Aux crayons noir et rouge. Signé.
>
> Haut. 0,348; larg. 0,245.

FROMENTIN (Charles).

68. Étude de chameaux. Deux sont couchés, un troisième est debout.

> Au crayon noir rehaussé de blanc, sur papier bleu. Il porte le cachet de la vente Fromentin.
>
> Haut. 0,255; larg. 0,432.

GAULI (J.-B.), dit le BACICCIO.

69. Étude pour une fresque :

> Saint Michel terrassant le démon. Dans la partie supérieure de la composition, Dieu le Père dans une gloire d'anges et la Vierge tenant l'Enfant-Jésus sur ses genoux.
>
> Lavis de bistre et aquarelle.
>
> Haut. 0,487; larg. 0,365.

GELÉE (Claude), dit le **LORRAIN**.

70. Vue du Pont-Molle. Le Pont-Molle s'aperçoit entre un superbe bouquet d'arbres, à gauche, et un second groupe, à droite, qui forme coulisse et vers lequel un homme et une femme marchent précipitamment.

A la plume, vigoureusement lavé de sépia. Collection E. Galichon.

Haut. 0,200 ; larg. 0,310.

71. Paysage. Divers personnages, à peine indiqués, se reposent, au bord d'une rivière, sous l'ombrage de deux grands arbres que l'on voit à gauche.

A la sépia rehaussé de blanc, sur papier vert. Collections Spencer et His de La Salle.

Haut. 0,195 ; larg. 0,262.

GELÉE (Attribué à Claude).

72. Deux dessins :

Étude de vaches.

A la plume. Collection His de La Salle.

Haut. 0,145 ; larg. 0,215.

Marine.

A la plume. Collection His de La Salle.

Haut. 0,145 ; larg. 0,215.

GENOELS (A.).

73. Paysage au milieu duquel se promènent un satyre et sa femme suivis d'un petit satyre à pied de chèvre.

A la plume, lavé d'encre de Chine.

Haut. 0,115 ; larg. 0,105.

GÉRICAULT (Théodore).

74. Études de figures et de chevaux. Au verso, une seconde
étude de figures, de jambes et de mains.

A la plume.

Haut. 0,314; larg. 0,242.

75. Léda, d'après Michel-Ange.

A la plume.

Haut. 0,275; larg. 0,395.

GIOTTO, dit BONDONE.

76. Le Jugement de Joseph. Devant une femme assise, la
femme de Putiphar vient porter plainte; à gauche, dans
une seconde cour, on remarque un épisode du même
sujet, etc. Au verso, études pour le même sujet : le
siège du juge est occupé par Pharaon, Joseph se défend,
et la femme de Putiphar, la tête couronnée, écoute.
Autres croquis ayant tous rapport au même sujet.

Précieux dessin à la plume sur vélin. Collections Lagny et E. Galichon.

Haut. 0,230; larg. 0,170.

GOLTZIUS (Henri).

77. Trois dessins :

Sirènes et harpies.

A la plume, lavé d'encre de Chine. Collection F. Didot.

Haut. 0,145; larg. 0,140.

Le Mois de juillet, sous la figure d'un homme nu et
debout, tenant dans ses mains des épis de blé.

A la plume.

Haut. 0,255; larg. 0,188.

Cérès, vue à mi-corps, coiffée d'épis et tenant à la main
une coupe remplie de fruits.

Au crayon rouge.

Haut. 0,178; larg. 0,160.

GRANDVILLE (J.-J.).

78. Une société vers 1840.

A la plume, légèrement lavé d'aquarelle.

Haut. 0,220 ; larg. 0,180.

79. Le Repas. Cinq hommes se disputent les morceaux d'un gigot ; une femme se détourne, scandalisée et effrayée.

Plume et aquarelle.

Haut. 0,185 ; larg. 0,248.

80. Deux dessins :

L'Orchestre ambulant.

A la plume.

Plus de barbier !

A la plume.

GUÉRIN (Le baron).

81. Deux dessins :

Le Jugement de Pâris.

Au crayon noir rehaussé de blanc, signé et daté : *Guérin, 1829.*

Haut. 0,220 ; larg. 0,267.

Le Serment d'Annibal.

Grande composition de neuf figures à la plume et au lavis de bistre rehaussé de blanc.

Haut. 0,342 ; larg. 0,427.

HOLBEIN (Hans) ?

82. Portrait d'une jeune dame suisse. Elle est vue de trois quarts, à mi-corps, les yeux tournés vers la droite ; elle est très décolletée et a la tête couverte d'un béret.

A la plume, lavé d'encre de Chine, les chairs relevées de couleurs. Collections Wellesley et F. Didot.

Haut. 0,117 ; larg. 0,123.

83. **Jésus-Christ insulté au prétoire.** Jésus-Christ, assis, les yeux bandés et les mains liées, est insulté par ses bourreaux ; à l'extrême gauche, Caïphe se tient debout.

A la plume, lavé d'indigo. Collections Rod Mayer et F. Didot.

Haut. 0,250 ; larg. 0,277.

HUET (JEAN-BAPTISTE).

84. **Bouc couché.**

Au lavis de sanguine.

Haut. 0,212 ; larg. 0,278.

85. **Sacrifice au dieu Pan.**

Trait très finement colorié.

JOHANNOT (ALFRED).

86. **Mode de 1834.**

Aquarelle.

INGRES (J.-A.-D.).

87. **Roger délivrant Angélique. Étude pour son tableau.**

A la mine de plomb.

Haut. 0,472 ; larg. 0,372.

ÉCOLE ITALIENNE (XVIIIe siècle).

88. **Les Planètes.**

Suite de 7 gouaches très finement exécutées.

Haut. 0,300 ; larg. 0,365.

JOYANT (J.).

89. **Vue du calvaire à Avignon.**

Au lavis d'encre de Chine.

Haut. 0,350 ; larg. 500.

JORDAENS (JACQUES).

135, 90. Descente de croix.

> Au bistre rehaussé de blanc. Collection E. Galichon.
>
> Haut. 0,215 ; larg. 0,205.

LANCRET (NICOLAS).

120, 91. Études de mains.

> A la sanguine, rehaussé de blanc.
>
> Haut. 0,200 ; larg. 0,282.

LANCRET (Attribué à N.).

10, 92. Étude de quatre têtes d'hommes et de femmes.

> A la pierre noire.
>
> Haut. 0,245 ; larg. 0,180.

LANTARA (S.-M.).

17, 93. Paysage. Une rivière ; dans le fond, un pont conduisant à un château.

> Minc de plomb.
>
> Haut. 0,140 ; larg. 0,180.

LAULNE (ÉTIENNE DE).

2,350 fr 94. Le Triomphe de la Foi. Dans les niches qui ornent les côtés sont les statues de David et de Salomon.

> A la plume avec lavis d'encre de Chine, sur vélin. Collection E. Galichon.
>
> Haut. 0,205 ; larg. 0,285.

avec le suivant

95. L'Astronomie. Des savants, devant une table chargée de livres de calcul et d'un globe céleste, discutent et essayent divers instruments. A gauche et à droite, une figure dans une niche. Au milieu du haut, dans un cartouche ovale, l'Astronomie personnifiée consulte un globe.

A la plume avec lavis d'encre de Chine, sur vélin. Collection E. Galichon.

Haut. 0,205 ; larg. 0,295.

LEFEVRE (CLAUDE).

96. Portrait d'un officier (le maréchal de Grammont ?) en buste, de trois quarts et dirigé vers la droite ; il est revêtu de sa cuirasse, sur laquelle passe une écharpe.

Ovale. A la sanguine.

Haut. 0,260 ; larg. 0,225.

LEMAY (OLIVIER).

97. Une famille réunie dans un salon. Deux dames sont assises près d'une table ; l'une, à gauche, examine une gravure qu'elle tient à la main ; l'autre, à droite, tient une guirlande de fleurs, que lui passe un homme debout un peu en arrière d'elle. Sur le parquet quelques gravures éparses.

A la mine de plomb. Signé et daté 1763.

Haut. 0,230 ; larg. 0,255.

LE PAUTRE (JEAN).

98. Décoration de plafond.

A la plume, lavé de bistre.

Haut. 0,220 ; larg. 0,250.

LÉPICIÉ (NICOLAS).

99. Étude de femme assise. Elle est vue de dos. A droite, une autre étude de jeune garçon, vu à mi-corps et de face.

Au crayon noir, avec quelques légers rehauts de blanc. Sur papier teinté en rouge.

Haut. 0,258 ; larg. 0,363.

LEYDE (Lucas de).

100. Joseph vendu par ses frères. Les frères de Joseph forment un groupe à droite, et l'un d'eux reçoit l'argent des marchands groupés à gauche près d'un grand arbre. Au fond, un paysage montagneux ; à droite, un enclos avec des moutons et une cabane roulante ; à gauche, un petit château.

A la plume, lavé d'aquarelle. Collection F.-Didot.

Haut. 0,205 ; larg. 0,138.

LORENZI (Giov. Bat.).

101. Portrait de Michel-Ange. Buste aussi grand que nature : il a la tête nue, est vu de trois quarts, regardant de face et tourné vers la droite.

A la pierre noire, lavé d'aquarelle. Collections Richardson et F. Didot.

Haut. 0,388 ; larg. 0,290.

LOUIS (H.).

102. Projet de plafond pour le Grand Théâtre de Bordeaux.

A la plume, lavé d'encre de Chine,

Haut. 0,180 ; larg. 0,180.

LUINI (Bernardo).

103. Tête de Vierge. Elle est vue de trois quarts, la tête penchée et les yeux baissés, la bouche souriante et les cheveux ondulés. Un voile de mousseline couvre les cheveux et le front.

A la pierre noire. Collection Timbal.

Haut. 0,275 ; larg. 0,175.

MAITRE ANONYME ITALIEN (xve siècle).

104. Un pasteur conduisant deux chèvres cause avec un vieillard assis sur un tronc d'arbre.

A la plume, avec lavis de bistre. Collections Nils-Bark et Émile Galichon.

Haut. 0,335 ; larg. 0,240.

MAITRE ANONYME ITALIEN (xvie siècle).

105. Les douze Apôtres répartis par groupes de six dans deux
compositions d'architecture séparées par un pilastre.
Dans le groupe de gauche, la figure de saint Pierre se
détache au premier plan; dans le second, c'est celle de
saint Paul. Dans le haut, les anges portent les saints
Évangiles.

> A la plume et au lavis de sépia. Collection E. Galichon.
>
> Haut. 0,260; larg. 0,190.

106. Le Corps de Jésus pleuré par les saintes Femmes. Le corps
du Sauveur, étendu sur un drap, est soutenu par la sainte
Vierge et un Saint. Ses pieds reposent sur les genoux de
Marie-Madeleine, qui se couvre les yeux avec un mou-
choir. Deux autres femmes, les mains jointes, contem-
plent le Christ.

> A la plume, lavé d'encre de Chine, sur papier teinté en bistre. Col-
> lection F.-Didot.
>
> [Haut. 0,190; larg. 0,310.

MARLET.

107. Deux dessins :

La Défense de la barricade. Un combattant, les bras
nus, retient d'une main un jeune homme qui cherche
à s'éloigner et lui montre de l'autre main les cadavres
étendus sur le pavé.

> A la plume, lavé d'aquarelle.

L'enlèvement des blessés à l'attaque du Louvre.

> A la plume, lavé d'aquarelle.
>
> Haut. 0,002; larg. 0,295.

MARILHAT (P.).

108. Paysage. Le Gardeur de pourceaux breton.

> Au crayon noir, légèrement rehaussé de pastel.
>
> Haut. 0,182; larg. 0,280.

MASACCIO (Attribué à).

109. Jeune homme debout tenant de la main droite un long
bâton et, de la gauche, un livre dans lequel il lit; au
verso un second dessin du même artiste représentant un
jeune homme occupé à écrire.

A la plume, lavé d'encre de Chine. Collections Richardson et
Émile Galichon.

Haut. 0,180; larg. 0,900.

MEMLING (Hans).

110. Une jeune femme près d'un berceau. Elle est représentée
debout, tournée vers la gauche, les cheveux nattés; elle
tient la main droite élevée au-dessus d'un berceau vide.

A la plume. Collections Andreossy et F. Didot.

Haut. 0,200; larg. 0,188.

MIGNARD (Attribué à N.).

111. Ulysse combattant les Cyclopes. Ulysse, à gauche, décoche
une flèche à un Cyclope, qui s'enfuit et près duquel se
trouve un second Cyclope étendu mort. Au fond, un
paysage baigné par la mer.

A la plume, lavé d'encre de Chine.

Haut. 0,338; larg. 0,210.

MIERIS (Guillaume van).

112. Le Jugement de Pâris. Pâris, assis à gauche sur un tronc
d'arbre, offre la pomme à Vénus, debout devant lui, et
qui lui présente Mercure; à droite, Minerve se couvre
de ses vêtements; plus loin, Junon.

Dessin très fin à la plume.

Haut. 0,200; larg., 0,180.

NATOIRE (Ch.-J.).

113. Diane surprise par Actéon.

A la pierre noire, rehaussé de blanc. Sur papier teinté.

Haut. 0,280; larg. 0,390.

OUDRY (J.-B.).

114. Deux dessins :

Poissons et oiseaux de proie.

Au crayon noir, rehaussé de blanc. Sur papier bleu.

Haut. 0,270; larg. 0,338.

PARMESAN (Francesco Mazzuoli dit le)

115. La sainte Vierge assise sur les nues. De ses deux mains elle presse l'Enfant Jésus sur son sein.

A la sanguine. Collections Th. Lawrence, Nils Bark et E. Galichon.

Haut. 0,205; larg. 0,135.

116. Deux dessins :

Femme assise vêtue d'une robe très large et tenant dans sa main une statuette ailée.

A la plume. Collections Nils-Bark et Émile Galichon. A été gravé dans la *Gazette des Beaux-Arts*, tome IV, 2e série.

Haut. 0,220; larg. 0,168.

Ferme rustique.

A la plume et au lavis d'encre de Chine. Collections Spencer, Thibaudeau et Emile Galichon. A été également gravé dans la *Gazette des Beaux-Arts*, tome IV, 2e série.

Haut. 0,100; larg. 0,126.

117. Deux dessins :

Ganymède s'avance vers la droite, tenant dans sa main droite un bassin et, dans sa gauche, une aiguière.

A la plume avec lavis de bistre. Collection Émile Galichon.

Haut. 0,235 ; larg. 0,135.

Femme assise près d'un vieillard.

A la plume. Collections Ottley, Lawrence, J. Barnard et Émile Galichon. A été gravé dans la *Gazette des Beaux-Arts*, en 1871.

Haut. 0,90 ; larg. 0.65.

PIETRI (Pietro da).

118. La Vierge sur les nues. Elle tient l'Enfant-Jésus assis sur ses genoux.

A la plume et au lavis de bistre.

Haut. 0.280 ; larg. 0,190.

PILON (Germain).

119. Études de Vierge. Six études de Vierge avec l'Enfant Jésus sur les bras, pour des statues.

A la plume, au trait. Collection Firmin-Didot.

Haut. 0,203 ; larg. 0,385.

PILS (J.).

120. Huit croquis.

Plume et mine de plomb.

PIOMBO (Sébastien del).

121. L'Enfant-Jésus, assis sur les genoux de la Vierge, aux bras de laquelle il se retient, se retourne et embrasse le petit saint Jean, agenouillé sur un berceau. Sainte Élisabeth, les bras croisés sur la poitrine, considère cette scène enfantine.

Dessin capital à la plume et au lavis de bistre. Collection É. Galichon.

Haut. 0,295 ; larg. 0,410.

POUSSIN (Attribué à NICOLAS).

122. Deux dessins :

Paysages d'Italie.

A la plume, lavés d'encre de Chine.

PRUD'HON (P.-P.).

123. Croquis pour le portrait de Mme Récamier.

Au crayon noir sur papier gris. Collection É. Galichon.

Haut. 0,250 ; larg. 0,195.

124. Innocence et amour.

Esquisse au crayon noir, rehaussé de blanc, sur papier bleu.
Collection His de La Salle.

Haut. 0,205 ; larg. 0,175.

PRUD'HON (Attribué à P.-P.)

125. Figures allégoriques personnifiant les Arts et l'Industrie,
et devant servir à la décoration de dessus de portes.

Quatre esquisses à la pierre noire, sur papier teinté.

Haut. 0,165 ; larg. 0,250.

126. Une déesse dont trois nymphes viennent d'enlever les
voiles se penche vers un berger agenouillé à ses pieds.

A la pierre noire.

Haut. 0,255 ; larg. 0,195.

RAFFET (D.-A.-M.).

127. Cinq croquis au crayon noir, portant le cachet de la vente
San-Donato :

Étude de mulet.
Sous-lieutenant porte-drapeau.
Matelots à Manille.
Musicien en grande tenue d'été.
Étude de religieuses.

RAOUX (J.).

128. Portrait d'une jeune femme avec une coiffure du Midi.

A la sanguine.

Haut. 0,285; larg. 0,230.

REGNAULT (H.).

129. Bonaparte à cheval. Deux études sur la même feuille.

A la plume, lavé de bistre.

Haut. 0,245; larg. 0,320.

REMBRANDT (Paul van Rhyn).

130. Jeune femme assise dans son fauteuil. Elle est représentée le coude du bras gauche appuyé sur une table, est coiffée d'une toque et un collier de perles tombe sur son front.

Au crayon rouge, avec le fond lavé de sépia et crayonné de noir. Collection E. Galichon.

Haut. 0,145; larg. 0,145.

131. Deux dessins :

Femme nue à mi-corps. Elle est debout et regarde à gauche; un chapeau plat à larges bords couvre sa tête.

A la plume. Collections Andréossy et Émile Galichon.

Haut. 0,115; larg. 0,90.

Femme en pied. Elle est vue de profil et tournée vers la gauche; un voile couvre sa tête et retombe sur le dos.

A la plume. Collections Andréossy et E. Galichon.

Haut. 0,140; larg. 0,115.

132. Deux études d'hommes. Le premier de ces dessins représente un homme en pied vu de face, les mains appuyées sur les hanches; le second, un homme vu de profil, appuyé sur un pupitre.

A la plume. Collections R. Dumesnil et F. Didot.

Haut. 0,150; larg. 0,110.

133. Un épisode de l'histoire ancienne. A l'entrée d'une tente, un guerrier debout, vu de face, un bâton de commandemént dans la main droite, et tenant de la gauche une jeune dame par la main, reçoit la soumission de plusieurs personnages qui se tiennent à genoux devant lui ; au fond les édifices d'une ville.

A la plume un peu lavé de bistre. Collections du baron de Rumohr, Samuel Festetits et F.-Didot.

Haut. 0,205 ; larg. 0,320.

134. Paysage. Une ferme entourée de planches, deux figures à l'extrémité droite et à la gauche un cheval s'abreuvant dans un cours d'eau.

A la plume, rehaussé de blanc. Sur papier teinté. Collections Andréossy et Firmin-Didot.

Haut. 0,144 ; larg. 0,272.

135. Paysans près d'un champ de blé, dans le fond, vers la gauche, un moulin à vent.

A la plume. Collections Gouan et E. Galichons.

Haut. 0,175 ; larg. 0,250.

136. Jésus au milieu des Apôtres. Jésus est assis vers le milieu ; les Apôtres, les uns assis, les autres debout, l'entourent ; au fond une voûte à deux arcades.

A la plume. Collections Festetits et F. Didot.

Haut. 0,198 ; larg. 0,288.

RENI (École de GUIDO).

137. Projet de décoration pour un plafond. La Vierge et l'Enfant-Jésus dans une gloire d'anges donnent le saint Rosaire à saint Dominique.

A la plume, lavé de bistre.

Haut. 0,270 ; larg. 0,365.

RINALDO (H.).

138. Figure allégorique. Femme ailée en pied, tenant dans chaque main un faisceau de verges ; elle entoure de son bras droit une colonne autour de laquelle s'enroule un ruban.

A la plume. Collections Andréossy et F.-Didot.

Haut. 0,352 ; larg. 0,186.

ROBERT (Attribué à HUBERT).

139. Trois dessins :

Vue d'un parc avec ruines.
Paysage d'Italie situé sur les bords d'une rivière.
Vue du Capitole à Rome.

Plume, lavis d'encre de Chine et aquarelle.

ROBUSTI (JACQUES), dit le TINTORET

140. Six études de corps, de têtes et de mains sur la même feuille.

À la plume et au lavis de sépia.

Haut. 0,194; larg. 0,156.

ROGMAN (ROLAND).

141. L'auberge. Une voiture à deux roues est arrêtée devant une auberge ombragée par de gros arbres.

À la plume, lavé d'encre de Chine. Collections R. Dumesnil et E. Galichon.

Haut. 0,238; larg. 0,410.

ROMAIN (JULES PIPPI dit JULES).

142. Deux dessins :

Figure de prophète; il est debout, un livre posé sur ses bras croisés.

À la plume et au lavis de sépia. Collection E. Galichon.

Haut. 0,255; larg. 0,90.

Vase avec figure de triton formant anse.

À la plume et au lavis de bistre. Collections Spencer et Galichon.

Haut. 0,135; larg. 0,210.

RUBENS (P.-P.).

143. Fragment de la Descente de croix d'Anvers. Un homme détache de la croix le bras droit du Christ; il tient dans sa bouche le suaire.

A la pierre d'Italie, légèrement rehaussé de blanc.

Haut. 0,225; larg. 0,186.

144. L'ensevelissement du Christ.

A la pierre d'Italie, rehaussé de blanc.

Haut. 0,255; larg. 0,317.

145. Sujet mythologique. Combat d'amazones (?).

A la plume lavé de bistre. Collection Camberlyn.

Haut. 0,193; larg. 0,160.

RUYSDAEL (Jacques).

146. Chaumière en ruines. Deux paysans assis à gauche, devisent sur l'effondrement de cette masure, tandis qu'un troisième, à droite, paraît appeler au secours.

A l'encre de Chine. Ce dessin a été gravé dans la collection *Ploos van Amstel*. Collections Ploos van Amstel, Goll, Cranenburg et E. Galichon.

Haut. 0,200; larg. 0,272.

147. Cabanes près d'un bois. Parmi les personnages, on remarque un homme qui bêche et, à droite, un homme qui conduit une brouette.

A l'encre de Chine. Collections Cranenburg et E. Galichon.

Haut. 0,195; larg. 0,315.

SAINT-NON (L'Abbé de).

148. Recueil de croquis à la plume, d'après les plus célèbres maîtres italiens, faits pendant le voyage de l'abbé de Saint-Non en Italie et ayant été presque tous gravés dans son ouvrage. 1 pet. vol. in-4, vélin.

SANZIO (Raphael).

149. Mise au tombeau. La Vierge et Joseph d'Arimathie déposent dans le tombeau le corps du Christ. Sainte Madeleine, agenouillée, se lamente. Deux saintes femmes assistent à cette scène; saint Jean détourne les regards. A gauche, un homme la tête couverte d'un turban.

Passavant, qui a décrit ce dessin, remarquable par l'expression, lui donne la date de 1505, et signale une copie de Timoteo Vitti dans l' « Institut des Beaux-Arts ».

A la plume avec lavis de sépia. Collections de la Noüe, de Julienne, Lawrence, Woodburn qui l'avait acquis à la vente du roi de Hollande, E. Galichon et Timbal.

Haut. 0,235; larg. 0,265.

150. Vierge assise sur un trône. A gauche, deux saints; à droite, un groupe d'hommes et de femmes accroupis autour duquel on remarque quatre esquisses de têtes pour une autre composition; sur la marche du trône, un ange est assis.

A la plume. Collections Timotéo Vitti, Desperet et E. Galichon.

Haut. 0,255; larg. 0,363.

151. Croquis pour une descente de croix.

A la plume et au bistre. Collections Spencer et E. Galichon.

Haut. 0,275; larg. 0,216.

SANZIO (Attribué à Raphael).

152. L'Évanouissement de la Vierge. La Vierge, évanouie, est soutenue par une sainte femme; deux autres saintes femmes, agenouillées à ses pieds, se lamentent; à gauche, saint Jean debout est vu de profil et pleurant.

A la plume et au lavis de sépia. Collection His de La Salle.

Haut. 0,213; larg. 0,268.

SARTO (École de André del).

153. Recueil contenant 27 études de têtes à la sanguine sur 17 feuillets. 1 vol. in-4, vieux vélin.

SCHENAU (J.-E.)

154. Deux jeunes femmes, en élégants costumes, et trois hommes réunis dans un salon jouent aux cartes.

A l'aquarelle, non entièrement terminé.

Haut. 0,385 ; larg. 0,285.

SCHIDONE (B.).

155. Scène de la Passion. Jésus succombant sous le poids de sa croix.

Peinture en grisaille, sur papier préparé.

Haut. 0,249 ; larg. 0,200.

STORCK (A.).

156. Deux dessins :

Port d'Italie. A gauche, un arc de triomphe et les ruines d'une colonnade. Sur un débris de corniche, on lit : *A Storck f. a° 1677.*

Aquarelle. Collection E. Galichon.

Haut. 0,183 ; larg. 0,145.

Port d'Italie. A droite les débris d'une colonnade ; à gauche, une tour. Dans le bas à droite : *A Storck fecit a° 1678.*

Aquarelle. Collection E. Galichon.

Haut. 0,185 ; larg. 142.

TIEPOLO (J.-B.).

157. Le Festin de Nabal.

A la mine de plomb, a été gravé par P. Monaco. Collection E. Galichon.

Haut. 0,335 ; larg. 0,485.

TIEPOLO (D.).

158. Deux dessins :

Danse de satyres mâles et femelles.

Au lavis d'encre de Chine.

Haut. 0,192 ; larg. 0,278.

Famille de satyres en marche.

Au lavis d'encre de Chine.

Haut. 0,193 ; larg. 0,272.

TILBORG (Van).

159. Réjouissance flamande. Deux couples dansent aux sons d'un joueur de musette et d'un violoneux. A gauche quatre buveurs attablés autour d'une table.

A la pierre noire, rehaussée de blanc. Sur papier brun.

Haut. 0,180 ; larg. 0,275.

TRAVIES (C.-J.).

160. La Rencontre.

Au crayon noir, légèrement rehaussé de pastel.

TRINQUESSE.

161. Étude de femme. Elle est vue de profil, assise dans un jardin.

A la sanguine.

Haut. 0,255 : larg. 0,155.

VACCHIA (Della).

162. Le Saint-Père prêchant. Il est debout, vu de face, la main droite élevée ; sa gauche retient son manteau, les saints évangiles et la croix.

A la plume et au lavis de bistre.

Haut. 0,289 ; larg. 0,170.

VAGA (PÉRINO DEL)

100. 163. Deux vases. Sur la panse de l'un, des enfants jouent avec un lion. Sur la panse de l'autre, Moïse frappe le rocher pour en faire jaillir l'eau.

A la plume et au lavis d'encre de Chine. Collection E. Galichon.

Haut. 0,180; larg. 0,100.

VECELLI (TIZIANIO) dit le TITIEN?

12. 164. Saint Jérôme.

Au lavis de bistre. Collection Volpato.

Haut. 0,380; larg. 0,302.

VELDE (ADRIEN VAN DE).

21. 165. La Vache couchée. Elle est vue presque de face et semble ruminer; sur la gauche, une étude pour deux pieds de derrière.

A la pierre noire. Collection E. Galichon

Haut. 0.95 larg. 0,155

VINCI (Leonard)?

90. 166. Étude pour la statue de Francesco Sforza

A la plume légèrement lavé d'encre de Chine. Collection du Marquis d'Adda.

Haut. 0,253; larg. 0,216.

89. 167. Étude de quatre chevaux; au verso, une autre étude de six chevaux, l'un d'eux est monté par un cavalier.

A la plume.

Haut. 0,185; larg. 0,218

WATTEAU (Antoine).

168. Deux femmes assises. L'une tournée à droite regarde le spectateur; l'autre est vue de profil, dans le sens contraire.

Au fusain et au crayon rouge, rehaussé de blanc. Sur papier gris. Collection E. Galichon.

Haut. 0,250; larg. 0,190.

169. Le Ménage mal assorti. Un vieux, appuyé sur une canne, conduit par la main une jeune femme qui met sa main gauche dans celle d'un jeune beau. Pierrot et Arlequin les suivent en jouant de la guitare et de la vielle.

Au crayon rouge. A été gravé. Collection E. Galichon.

Haut. 0,225; larg. 0,170.

170. Deux figures de Gilles s'essayant sur la guitare. Dans l'une, il est en culotte, vu de profil, le corps tourné à droite; dans l'autre, il est vu de face avec un pantalon bouffant.

Au crayon rouge. Collection E. Galichon.

Haut. 0,205 y compris deux petites marges ajoutées; larg. 0,198.

WATTEAU (Attribué à Ant.).

171. Étude de jeune femme. Elle est vue à mi-corps, les regards baissés et les seins découverts.

Crayon noir et sanguine.

Haut. 0,247; larg. 0,185.

172. Études de deux femmes en pied. L'une, à droite, est vue de profil; l'autre, à gauche, est vue de trois quarts.

Crayon noir, rehaussé de blanc.

Haut. 0,420; larg. 0,270.

ZAMPIERI (Dominique) dit le.

173. L'Ascension de la Madeleine.

A la plume et au lavis d'encre de Chine et de sanguine. A été gravée par Bruni.

Haut. 0,170; larg. 0,188.

174. Élévation en croix. Étude pour son tableau de la chapelle Saint-Pierre à Rome.

Au crayon rouge.

Haut. 0,368; larg. 0,250.

175. Sous ce numéro seront vendus, par lots, des dessins anciens et modernes de toutes les écoles.

ESTAMPES

ALDEGREVER (H.).

35. 176. Histoire de Loth. Suite de quatre pièces (B. 14-17).

Très belles épreuves.

15. 177. Suzanne surprise au bain par les deux vieillards (30).

Très belle épreuve.

82. 178. Albert van der Helle (186).

Très belle épreuve. Col. Firmin-Didot.

28. 179. Montant d'ornements (284).

Très belle épreuve.

30. 180. Rinceau de feuillage (245). — Montant d'ornements (276). — Trois montants d'ornements (276-277-285). Cinq pièces.

Belles épreuves.

16. 181. Grotesques (273 et 281). Deux pièces.

Très belles épreuves.

ALIX (P.-M.).

50. 182. *Saint-Aubin* (Madame) du théâtre de l'Opéra-Comique, d'après Garneray. Elle est représentée en buste dans une bordure ovale reposant sur un cartouche où est représentée la scène IV d'*Amboise*.

Superbe épreuve en couleur, marge.

25. 183. *Corday* (Charlotte). In-fol.

Très belle épreuve en couleur, avant la lettre.

ALMANACHS

184. 1669. La Ratification de la paix entre les deux couronnes de France et d'Espagne conclue à Aix-la-Chapelle le 2 mai 1688. — *A Paris, chez N. de Poilly.*

Très belle épreuve.

185. 1674. La vigoureuse attaque de Maëstrick, laquelle ville s'est rendue au Roi le 30 juin 1673. — *A Paris, chez la veuve Montcornet.*

Très belle épreuve.

186. 1681. L'Art de vaincre et de régner, enseigné par Sa Majesté à Monseigneur le Dauphin. — *A Paris, chez P. Landry.*

Très belle épreuve.

187. 1683. Le beau jour de la France, arrivé le 6 août 1682, par l'heureuse naissance de Monseigneur le duc de Bourgogne. Gravé par de Larmessin. — *A Paris, chez la veuve Bertrand.*

Superbe épreuve.

187 bis. 1684. Les derniers soupirs de la tres haute, tres puissante et tres vertueuse, Princesse, Marie Therese d'Autriche, Infante d'Espagne, Reine de France et de Navarre, morte à Versailles, le 31 juillet 1683. Grave par de Larmessin. — *A Paris, chez la veuve P. Bertrand.*

Superbe épreuve.

188. 1688. La sanglante Défaite des Turcs par l'armée impériale commandée par Leurs Altesses de Lorraine et de Bavière, près la ville de Siclos, le 12 août 1687. — *A Paris, chez P. Landry.*

Très belle épreuve.

189. 1688. La grande Victoire remportée sur les Turcs, en Hongrie, par l'armée impériale commandée par le prince Charles de Lorraine, le 12 août 1687. — *A Paris, chez N. de Larmessin.*

Très belle épreuve.

82. 190. **1689.** Les Victoires continuelles des armées impériales et auxiliaires, remporté es sur les Turcs par la prise de Belgrade, par assaut, le 6 septembre 1688. — *A Paris, chez P. Landry.*

Très belle épreuve.

191. **1700.** Le Serment présenté entre les mains du Roi par Monsieur Phelypeaux, pour la charge de chancelier, garde des sceaux de France, le 9 septembre 1699. — *A Paris, chez J. Langlois.*

Belle épreuve.

192. **1702.** La Couronne d'Espagne affermie sur la tête de Philippe V, par la protection de Louis le Grand. — *A Paris, chez Bonnart.*

Très belle épreuve.

193. **1702.** Philippe V, roi d'Espagne, chef et grand maître des ordres militaires de la Toison d'or, de Saint-Jacques d'Alcantara et des Avitz, dont il reçoit les hommages et les serments de fidélité à Madrid, le 6 mai 1701. — *A Paris, chez F. Jollain.*

Très belle épreuve.

194. **1702.** L'Arrivée de Sa Majesté Philippe V, a Figuières en Catalogne, pour son auguste alliance avec Marie-Louise-Gabrielle de Savoie, en 1701. *A Paris, chez F. Jollain.*

Très belle épreuve.

195. **1702.** La Bénédiction nuptiale donnée solennellement au Roy et à la Reyne d'Espagne, à Figuières, le 5 novembre 1701. — *A Paris, chez F. et G. Landry.*

Très belle épreuve.

196. **1703.** Entrée solennelle de Philippe V, Roy d'Espagne, dans la ville de Naples le 20 may 1702. — *A Paris, chez N. Langlois.*

Très belle épreuve.

197. **1703.** Prise de possession du Royaume de Naples, le 26 may 1702, et le serment prêté par Sa Majesté catholique, le 24, entre les mains du cardinal Cantelmi. — *A Paris, chez F. Jollain.*

Très belle épreuve.

198. **1703.** Les Armées anglaises et hollandaises chassées de devant la ville de Cadix et le fort de Matagorda, par les troupes d'Espagne sous le commandement du marquis de Villadorius, le 26 septembre 1702. — *A Paris, chez H. Bonnart.*

Très belle épreuve.

199. **1705.** Les glorieuses Conquêtes de Philippe V, Roy d'Espagne, sur les Portugais en l'année 1704. — *A Paris, chez F. Jollain.*

Très belle épreuve.

200. **1705.** La signalée Victoire remportée par l'armée navale de Sa Majesté, sous le commandement de Mgr le comte de Toulouse, amiral de France, sur les flottes angloise et hollandoise, 1703. — *A Paris, chez G. Vallerye.*

Très belle épreuve.

201. **1706.** Villefranche assiégée par M. le duc de la Feuillade et rendue par capitulation à l'obéissance du Roy, le 2 avril 1705. *A Paris, chez H. Bonnart.*

Très belle épreuve.

202. **1706.** La Bataille de Cassano, gagnée par l'armée du Roy, commandée par M. le duc de Vendôme, sur les troupes impériales sous les ordres du prince Eugène de Savoie, le 16 août 1705.

Belle épreuve légèrement rognée.

203. **1708.** L'heureuse Naissance du Prince des Asturies, fils de Philippe V, roi d'Espagne, et de Marie-Louise de Savoie, et la cérémonie de l'ondoiement, faite par Mgr l'archevêque de Trébisonde, le 25 août 1707. — *A Paris, chez Trouvain.*

Très belle épreuve.

204. **1708**. La Prise et réduction de la ville et château .de
Lérida, en Catalogne, par les troupes françoises
et espagnoles, commandées par Mgr le duc
d'Orléans, les 13 octobre et 12 novembre 1707.
— *A Paris, chez F. et G. Landry.*

Très belle épreuve.

205. **1731**. Le Roi reçoit à foi et hommage le duc de Lorraine.
pour le duché de Barre et autres domaines, etc.
A Paris, chez Jollain.

Épreuve fatiguée.

206. **1714** Partie inférieure d'un almanach pour 1714 représentant la Mascarade vénitienne du bal donné
à Suresnes, le 21 mai 1714, par Son Altesse Séré-
nissime Monseigneur le duc de Bavière.

Très intéressant et très curieux dessin au bistre.

207. **1724**. Le Roy Louis XVe du nom, séant en son lit de
justice au Parlement pour y déclarer sa majo-
rité, le 22 février 1723. — *A Paris, chez Jollain.*

Très belle épreuve.

ALTDORFER (A.).

208. Judith (B. 1). — Samson (2). — Vénus et deux amours (32).
— Deux satyres se battant pour une nymphe (38). —
Pyrame et Thisbé (44). — Cinq pièces.

Très belles épreuves.

ANONYMES.

209. Jacques Clément remettant à Henri III, au moment où il
s'apprête à l'assassiner, un papier sur lequel on lit :
Sire, si vous pleira d'entendre, etc. In-4 en largeur.

Très belle épreuve avec marge. Très rare.

210. *Broussel* (Pierre de), conseiller au Parlement de Paris. In-fol.

Très belle épreuve. Très rare.

211. La liberté rendue aux prélats disgraciés ou fugitifs pour
la constitution *Ugenitus*, l'an 1715, premier du règne
de Louis XV et de la régence de Philippe, duc d'Orléans.

Belle épreuve d'une pièce intéressante comme portraits. Rare.

212. *Louis XVI*, roi de France et de Navarre, vu de trois quarts dans une bordure ovale. Gravure très fine au pointillé.

Très belle épreuve en couleur.

ARDELL (I. Marc).

213. Rubens et sa femme, d'après lui-même. — Le Temps coupant les ailes de l'Amour d'après Van Dyck. Deux pièces gravées à la manière noire.

Très belles épreuves.

AUBERT (M.).

214. *Louis*, fils de Louis XV, dauphin de France, portrait équestre d'après N. Le Sueur. — *Louis XVI*, roi de France en pied, d'après Vanloo. Deux portraits. In-fol.

Très belles épreuves.

AUDOUIN (P.).

215. Jupiter et Antiope. — Vénus blessée. Deux pièces gravées d'après le Corrège et Raphaël.

Très belles épreuves avant la lettre.

AUDRAN (Benoit Ier).

216. *Bignon* (L'abbé J.-P.) de l'Académie française, d'après J. Vivien. In-fol.

Très belle et rare épreuve avant toutes lettres. Col. F. Didot.

217. L'abbé Jean d'*Estrées*. — Le maréchal d'*Estrées*. — *Willading*, Bourgmestre de Berne. Trois portraits in-fol.

Très belles épreuves, la dernière pièce est avant toutes lettres.

AUDRAN (G.).

218. *Guillaume* de Limoges, dit le Gaillard boiteux (R.D.68). In-fol.

Très belle épreuve.

AVRIL (P.).

219. Catherine II voyageant dans ses États en 1787, d'après F. de Meyer.

Très belle épreuve.

BACHUIZEN (H.).

220. Marine (B. S.).

> Superbe épreuve avant le numéro, tirée sur papier aux armes d'Amsterdam. Rare.

BALDINI (Baccio).

221. Le prophète Malachias (B. 22).

> Très belle épreuve avec une petite marge. Col. F. Didot.

BALECHOU (J.-J.)

222. *Brülh* (Henri, comte de), premier ministre d'Auguste III, roi de Pologne, d'après L. de Sylvestre. — *Rollin* (Ch.), d'après Ch. Coypel. Deux portraits in-fol.

> Très belles épreuves. Le portrait du comte de Brülh est avant les modifications apportées à la tête.

BARBARY (Jacob), dit le Maître au caducée.

223. Le Sacrifice à Priape (B. 19).

> Belle épreuve. Col. F.-Didot.

BAUDOUIN (D'après P.-A.).

224. Les Amants surpris. — Les Amours champêtres. Deux pièces, faisant pendants, gravées par Chaffard. (E. B. 3 et 4).

> Très belles épreuves.

225. L'Amour à l'épreuve, par Beauvarlet (5).

> Très belle épreuve d'un état non décrit; elle est avec les noms des artistes, mais avant le changement et avant l'adresse de Marel. Grande marge.

226. L'Amour frivole, par Beauvarlet (6).

> Très belle épreuve.

227. L'Enlèvement nocturne, par N. Ponce (20).

> Très belle épreuve avant la lettre.

228. Le Curieux, par P. Maleuvre, 19.

Superbe et très rare épreuve avant toute lettre, avant l'encadrement et avant que le rabat du Curieux, que l'on aperçoit derrière la porte, ait été effacé. Toute marge.

229. La même estampe.

Très belle épreuve avant le mot *déposé* au-dessous de l'adresse de l'auteur. Toute marge.

230. L'Épouse indiscrète, par N. de Launay (21).

Très belle épreuve.

231. Le Fruit de l'amour secret, par Voyez le jeune (23).

Très belle épreuve.

232. Le Lever, par Massard (29).

Belle épreuve.

233. Le Modèle honnête, gravé à l'eau-forte par J.-M. Moreau le jeune et terminé par J.-B. Simonet (34).

Très rare épreuve à l'état d'eau-forte.

234. Perette, par Guttenberg (36).

Très belle épreuve avec une grande marge.

235. La Rencontre dangereuse (40).

Partie supérieure de cette pièce gravée par un anonyme et en contre-partie.

236. La Sentinelle en défaut, par N. de Launay (44).

Très rare épreuve à l'état d'eau-forte. Grande marge. Col. Mulhbacher.

237. La même estampe.

Très belle épreuve.

238. La Soirée des Thuileries, par Simonet (47).

Très belle épreuve avant la lettre.

BAUZE (J.-F.).

239. *Leibnitz* (Godefroy-Guill. de), d'après A. Scheits. In-4.

Très belle et rare épreuve avant toutes lettres.

BAZIN (N.).

240. *Barême* (Fr.), célèbre arithméticien. In-8.

> Très belle épreuve. Rare.

BÉATRIZET (N.).

241. *Henri II*, roi de France, d'après L. Penni (R. D. 40). In-folio.

> Superbe épreuve du 2ᵉ état. Excessivement rare de cette qualité. Col. F. Didot.

BEAUVARLET-COCHIN et autres.

242. *Bourgogne* (duc de). — *Lallive de Jully.*—*Mariette.* — *Chardin.*—*Mlle Lescot.*—*Mme Dugazon*, etc. Onze portraits in-8.

> Très belles épreuves.

BÉHAM (H.-S.).

243. Les Travaux d'Hercule. Suite de douze pièces (B. 96-107).

> Très belles épreuves.

244. Léda (112).

> Très belle épreuve.

245. Vignette à l'aigle (224).

> Très belle épreuve. Rare.

246. Le petit bouffon (230).

> Très belle épreuve.

247. Le Mascaron (231).

> Superbe épreuve du 1ᵉʳ état, avant le pointillé dans les fonds. Rare.

248. La même estampe.

> Très belle épreuve.

BÉHAM (B. et H. SEBALD).

249. L'enfant et les trois têtes de mort (B. 27). — Vignette à l'aigle (224). — Vignette à la cuirasse (227). —Alphabet (227). — Le Mascaron (331). Cinq pièces.

> Très belles épreuves.

BÉRAIN (J.).

250. « Ornements peints dans les appartemens des Tuilleries dessinez et gravez par Berain. » *A Paris, chez N. Langlois, rue Saint-Jacques, à la Victoire, avec privil. du Roy.* Suite de 19 pièces sur 14 feuilles.

Très belles épreuves avec de très grandes marges. Très rare.

251. « Diverses pieces tres utiles pour les arquebuzieres nouvellement inventés et gravés par Jean Berain le jeune et se vendent chez l'auteur à Paris avec privilege du Roy 1659. » Suite complète de 10 pièces y compris le titre.

Très belles épreuves d'un état antérieur à celui décrit, avec l'adresse de l'auteur qui, plus tard, fut remplacée par celle de Leblon ; elles ont, sauf le titre, de bonnes marges.

BERGHEM (N.).

252. Les Vaches à la laitière. Suite de six pièces (B. 23 à 28).

Superbes épreuves avec les numéros, mais avant que les bordures aient été renforcées.

BERTAUX (D'après DUPLESSIS).

253. Le Charlatan français. — Le Charlatan allemand. Deux pièces faisant pendants gravées par Helman.

Très belles épreuves avant la dédicace.

BERTRAND (T.).

254. *Bertinazzi (Carlo)* de la Comédie-Italienne dans son costume d'Arlequin, d'après de la Tour. In-f°.

Superbe épreuve avec une grande marge. Très rare.

BERVIC (Ch.-Cl.).

255. *Sénac de Meilhan* (G.), publiciste français, d'après J.-S. Duplessis. In-f°.

Très belle épreuve avant la lettre.

BINCK (J.).

256. Son portrait (B. 95).

Très belle épreuve manquant un peu de conservation.

257. *Claude de France*, épouse de François Ier (B. 90).

Belle épreuve. Très rare. Col. F.-Didot.

BLOOTELING (A.) et R. COLLIN.

258. *Norfolk* (Henri duc de), maréchal d'Angleterre, duc d'Arundell, etc. — *Norfolk* (Jane, duchesse de), sa femme. Deux portraits in-fol., faisant pendants, gravés d'après P. Lély.

Très belles épreuves. Rares.

BOILLY (D'après L.).

259. Ah! qu'il est sot! — Poussez ferme. Deux pièces, faisant pendants, gravées par Petit.

Très belles et rares épreuves avant la lettre. Collection de Béhague.

260. Avant la toilette, par Petit.

Très belle épreuve avant toutes lettres.

261. La Serinette, par Honoré.

Très belle épreuve.

262. La Surprise agréable. — On la tire aujourd'hui. — La Comparaison des petits pieds, etc. Cinq pièces.

BOILVIN.

263. Daphnis et Chloé. Six eaux-fortes d'après les dessins de Prud'hon. *A Paris, chez Alphonse Lemerre.*

Très belles épreuves avant toutes lettres.

BOISSIEU (J.-J. de).

264. Feuille de treize études. — Buste d'homme vu de trois quarts. — Vue de l'ancienne douane de Rome. — Le Maréchal-ferrant. — Promenade du Pape sur la Saône. — Le Passage du gué. Six pièces.

Anciennes épreuves.

BOIZOT (P. M. A.).

265. Monseigneur le Dauphin labourant, 1769. Gravé à la manière du lavis.

Très belle épreuve. Rare.

BOLLERY (d'après N. de).

266. « Réduction miraculeuse de Paris sous l'obéissance du Roy tres chrestien Henri IIIIᵉ et comme Sa Majesté y entra par la porte neufue, le mardy 22 de mars 1594. »
« Comme le Roy alla incontinent a l'Eglise de Nostre-Dame rendre grâces solennelles a Dieu », etc.
« Comme Sa Majesté le mesme jour estant à la porte Saint-Denis » etc. Suite de trois pièces très rares et très curieuses.

Très belles épreuves entourées de leurs légendes explicatives. Marges.

BONASONE (J.).

267. Portrait de Michel-Ange (B. 345). — Raphaël (347). Deux pièces.

Très belles épreuves. Le portrait de Raphaël est avant l'adresse de Rossi.

BONNET (L.-M.).

268. *Louis XV*, roi de France, d'après M. Vanloo, in-fol.

Très belle épreuve.

BOREL (D'après A.).

269. J'y passerai, par R. de Launay.

Très belle épreuve avec toute sa marge.

270. Vous avez la clef, mais il a trouvé la serrure, par Anselin.

Très belle épreuve avant la dédicace. Sans marge.

271. L'Abandon voluptueux, par Dennel.

Superbe épreuve avant toutes lettres.

BOSSE (Abraham).

272. Les forces de la France sous le règne du très chrétien et très victorieux monarque Louis le Juste (G. D. 1228).

Très belle épreuve avec marge.

273. Les Vœux du Roi et de la Reine à la Vierge (1225). — La Réduction de la ville de Mantoue (1219). — Louis XIII représenté sous la figure d'Hercule (1241). Trois pièces.

Très belles épreuves.

274. L'Hôtel de Bourgogne (1268).

Très belle épreuve. Rare.

275. La perspective horizontale du Jardin royal des Plantes, etc., 1641 (1269).

Très belle épreuve. Rare.

276. Les Métiers. Suite des sept pièces (1391-1397).

Très belles épreuves avec les adresses de Le Blond et M. Tavernier. Marges. Col. de Béhague.

277. Le Clystère. — Le Cordonnier. — Le Savetier. — Le Barbier. — Le Pâtissier. Cinq pièces de la suite précédente (1392, 1394, 1395, 1396 et 1397).

Très belles épreuves avec les adresses de Le Blond et de M. Tavernier.

278. L'Accouchement (1376). — Le Contrat (1374). — Le Retour du baptême (1377). Trois pièces de la suite du Mariage à la ville.

Très belles épreuves.

279. Le Mariage à la campagne. Suite de trois pièces (1380-1382).

Très belles épreuves avec la première adresse, celle de Leblond.

280. Réponse de la damoiselle à la lettre du capitaine extravagant (1403).

Très belle épreuve avec sa légende explicative. Rare en cet état.

281. Le Procureur. — La Saignée. — L'Été. — L'Hyver. — Le Retour du baptême. Cinq pièces.

Très belles épreuves.

BRADEL (J.-B.).

282. *Éon de Beaumont* (La Chevalière d'). In-fol.

Très belle épreuve avec une grande marge.

BRIOT (J.).

283. « Le portrait de tres hault, tres puissant, tres excellent Prince Henry le Grand, qui trespassa en son Palais du Louvre le vendredy 14° may 1610 » ; d'après F. Quesnel, in-fol.

Belle épreuve accompagnée de sa légende explicative ; elle manque de conservation.

BRY (Th. de) et LEBLOND.

284. Manches de couteaux. — Étuis. — Gaines. — Encadrements, etc. Vingt pièces dont quelques-unes sont découpées.

Très belles épreuves.

BOUCHER (F.).

285. *Watteau* (Ant.), d'après lui-même (De. B. 45). In-fol.

Très belle épreuve.

BOUCHER (D'après).

286. Les Heures du jour. Suite de quatre pièces gravées par Petit.

Superbes épreuves avec toutes leurs marges. Col. de Béhague.

287. La Marchande de modes, par Gaillard.

Très belle épreuve avec marge.

288. Les Douceurs de l'été, par Moitte.

Très belle épreuve.

289. Jupiter et Léda, par W. Ryland.

Superbe et rare épreuve avant toutes lettres. Grande marge. Col. de Béhague.

290. Vénus entrant au bain. — Vénus sortant du bain. Deux pièces, faisant pendants, gravées par Michel.

> Très belles épreuves. Marges.

291. L'Amour modeste. — Vénus entrant au bain. Deux pièces, gravées par Michel et Fessard.

> Très belles épreuves.

292. L'Enlèvement d'Europe, par Aveline.

> Très belle et rare épreuve avant toutes lettres. Col. de Béhague.

293. La Courtisane amoureuse. — Le Magnifique. Deux pièces pour les Contes de La Fontaine, gravées par de Larmessin.

> Belles épreuves avant l'adresse de Buldet.

BOYVIN (RENÉ).

294. Dessins de vases dans le goût de maître Roux et du Polydore. (R. D. 135-146). Suite de douze pièces dont noùs ne possédons que onze. Manque le n° 1 de là suite.

> Superbes épreuves. Col. R. Dumesnil.

CALLOT (JACQUES).

295. La Parabole de l'Enfant prodigue. Suite de onze pièces (M. 53-63).

> Très belles épreuves avant les numéros. Toutes marges. Col. de Béhague.

296. Le Sauveur, la sainte Vierge, les douze Apôtres et saint Paul. Suite de seize pièces (104-119).

> Superbes épreuves du 1er état, avec de très grandes marges. Col. de Béhague.

297. Les Martyrs du Japon (155). 1er état. — Pièces tirées de la suite des Médicis. Ensemble quatre pièces.

> Très belles épreuves.

298. Siège du fort de Saint-Martin dans l'île de Ré. Suite de 6 planches destinées à être assemblées (522).

> Belles épreuves.

299. Les Misères et les Malheurs de la guerre. Suite de dix-huit
pièces dont nous ne possédons que dix-sept. Manque le
n° 18, qui presque toujours manque à la suite en cet état.
(564-581).

Magnifiques épreuves avant la lettre et avant les numéros. Excessivement rares.

300. Les trois Pantalons (627-629).

Superbes épreuves avec marges. Le Cassandre, la seule pièce de
la suite où il y ait des différences, est du 1er état. Rares. Col. de
Béhague.

CARMONTELLE (L.-C. DE).

301. Le duc d'Orléans assis et le duc de Chartres debout, derrière le fauteuil de son père, dans une salle de billard,
1759.

Très belle épreuve. Très rare.

CANOT (D'après Ph.).

302. Le Maître de danse, par Le Bas.

Très belle épreuve avec marge.

CARESMES (D'après).

303. Le Satyre amoureux. — La Bacchante enyvrée. Deux
pièces, faisant pendants, gravées par Janinet.

Très belles épreuves en couleur.

CARICATURES.

304. Purge à l'orange. Pièce satirique curieuse, probablement
sur Marie-Antoinette.

Épreuve coloriée du temps. Rare.

305. Caricatures sur les Anglais à Paris, 1817. Vingt pièces.

Épreuves coloriées.

306. Le Coup de vent. — Le Concert à trois. — L'heureux
Commis marchand. — Le Choix du poisson. — Le Traquenard. — L'Orage, etc. Dix pièces curieuses et rares.

Épreuves coloriées.

307. Le Désagrément dès piétons dans Paris. — Encore des originaux. — Les Effets du printemps. — Le vrai Contraste, etc. Quinze pièces gravées et lithographiées.

Épreuves en couleur.

CARMONA (M.-S.).

308. *Boucher* (F.), peintre, d'après Roslin. In-fol.

Superbe et rare épreuve avant toutes lettres. Col. F.-Didot.

CARRACHE (Les).

309. Suzanne au bain (B. 1). Mercure et les Grâces (117). — Mars renvoyé par Minerve (118). Trois pièces. }

Très belles épreuves.

310. *Véronèse* (Paul Cagliari dit) (B. 156).

Superbe épreuve. Rare. Col. F.-Didot.

CARS (L.).

311. *Bourdon* (S.), peintre, d'après H. Rigaud. In-fol.

Très belle et rare épreuve avant toutes lettres.

312. *Rohan* (Armand-Gaston, cardinal de), grand-aumônier de France, d'après H. Rigaud. In-fol.

Superbe épreuve avant toutes lettres.

CATHELIN (L.-J.).

313. *Artois* (Marie-Thérèse de Savoie, comtesse d'), d'après Drouais. In-4.

Très belle épreuve.

314. *Provence* (le comte de), Monsieur, Frère du Roi. — *Provence* (la comtesse de), Madame, sa femme. Deux portraits petit in-fol., faisant pendants, gravés d'après Drouais.

Superbes épreuves avant toutes lettres. Toutes marges.

315. *Balechou* (J.-J.), graveur, d'après J. Arnavon. In-fol.

Deux épreuves dont l'une, très belle et très rare, est avant toutes lettres.

316. *Jeliotte* (Pierre), du Théâtre-Italien, d'après L. Tocqué. In-fol.

> Superbe et rare épreuve avant toutes lettres. Toute marge.

317. Vernet (J.), peintre du Roi, d'après Vanloo. In-fol.

> Très belle épreuve avant toutes lettres.

CATHELIN, GAUCHER et autres.

318. *Orléans* (L.-Ph.-Joseph, duc d'). — *Penthièvre* (L.-J. de Bourbon, duc de). — *Condé* (L.-J. de Bourbon, prince de). — *Bourbon* (L.-H.-Jh de Bourbon-Condé, duc de), etc. Six portraits in-fol. et in-4°.

> Très belles épreuves.

CHAPUY.

319. Les Plaisirs de l'été.

> Très belle épreuve en couleur ; elle est coupée dans la partie supérieure.

CHARDIN (D'après J.-B.-Siméon).

320. Le Bénédicité, par Renée-Elisabeth Marlié-Lépicié (E. B. 5°).

> Très belle épreuve avec marge.

321. Le Jeu de l'oye, par P. L. Surugue (27).

> Superbe épreuve avec toute sa marge.

322. Jeune fille à la raquette, par Lépicié (29).

> Très belle épreuve avec marge.

323. Les Tours de cartes, par P. L. Surugue (51).

> Très belle épreuve avec toute sa marge.

324. La Gouvernante. — La Mère laborieuse. — L'OEconome. — La Petite fille aux cerises. Quatre pièces gravées par Lepicié, Le Bas et Cochin.

> Très belles épreuves.

CHASLES (Michel).

325. Vue du port de Bercy pendant l'inondation. — Vue du port de Bercy, 1866. Deux pièces très grand in-fol.

> Très belles épreuves avant toutes lettres, sur chine.

CHALLE (D'après J.-A.).

326. Les Appas multipliés, par Dennel.

Superbe épreuve avant toutes lettres.

327. La Pantoufle, par Marchand.

Très belle épreuve avant toutes lettres.

328. *The officious waiting Woman,* par Chaponnier.

Très belle épreuve du 1er tirage, avec le texte anglais. Tachée d'eau.

CHEREAU (F.).

329. *Pernot* (L'abbé Andoche), d'après H. Rigaud. — *Collin de Vermont,* peintre, gravé par Carmona, d'après Roslin. Deux portraits in-fol.

Très belles épreuves avant toutes lettres.

CHEVEAUX (D'après).

330. Le Galant cordonnier?

Très belle épreuve, en couleur, d'une rare et très jolie petite pièce.

331. Le bon Accord. — La bonne Ruse. Deux pièces, faisant pendants, gravées par Bonnet.

Très belles épreuves en couleur.

CHEVILLET (J.).

332. *Jordan* (J.-L.), négociant. — *Lenoir,* lieutenant de police. — *Diderot.* Trois portraits in-fol.

Très belles épreuves, la première pièce est avant toutes lettres.

CHOFFARD (P.-P.).

333. Adresse de Drais, élève de Ducrollay, bijoutier du Roy à l'entrée de la place Dauphine à gauche, par le Pont-Neuf. A Paris.

Très belle épreuve. Rare.

COCHIN (Par et d'après N.) le fils.

334. Accouchement de Madame la duchesse de Bourgogne. —
Mort de Louis XIV. — Entrée à la Bastille. — Rétablis-
sement du commerce et de la marine, etc. Six pièces
pour l'histoire de Louis XV par médailles, ouvrage qui
n'a jamais été terminé, plus le frontispice de l'Ency-
clopédie. Ensemble sept pièces.

Très belles épreuves.

335. Vue de la décoration élevée sur la terrasse du château de
Versailles, pour l'illumination et le feu d'artifice qui a
été tiré le 30 décembre 1751. Gravé par Marvie et
J. Ouvrié.

Ancienne et très belle épreuve avec toute sa marge.

COLLAERT (A.).

336. Les quatre Parties du monde représentées sous des
figures allégoriques de femmes, d'après M. de Vos.

Très belles épreuves.

COLLAERT (Hans).

337. Pendeloques avec personnages de la fable dans les niches
du milieu. *Joannes Boil. excudit Antverpiæ, 1621.* Suite
de six pièces.

Superbes épreuves avant les numéros. Grandes marges.

338. Pendeloques. Suite de six pièces.

Superbes épreuves avant les numéros. Grandes marges.

COOK et SMITH.

339. Chien épagneul en arrêt.

Très belle épreuve avant toutes lettres.

COQUERET.

340. *Marbot* (Général), auteur des mémoires. Gravé à la manière noire, d'après Wicar, et publié l'an IX.

Très belle épreuve. Très rare.

COROT.

341. Bateau sous les saules. — L'étang de Ville-d'Avray (Ber. 2 et 3).

> Superbes épreuves.

COSSIN (L.).

342. *Corneille* (P.), célèbre poëte tragique, d'après F. Siere. Petit in-fol.

> Superbe épreuve avant la lettre. Rare.

COSWAY (D'après).

343. Madame *Récam ier*. In-8°.

> Belle épreuve.

COUVAY (J.).

344. *Orléans* (Ph. de France, duc d') enfant. — *Harcourt* (Comte d'), par Humbelot. Deux portraits in-fol.

> Très belles épreuves.

COYPEL (D'après C.).

345. Madame du Deffant testant en faveur de son chat. Charmante petite pièce très spirituellement gravée à l'eau-forte, par C. (le comte de Caylus).

> Très rare. Collection de Behague.

346. La Folie pare la Décrépitude des ajustements de la Jeunesse, par L.-Surugue.

> Très belle épreuve.

347. Thalie chassée par la Peinture, par Lepicié.

> Très belle épreuve avec toute sa marge.

CRANACH (L.).

348. *Charles V*, en pied (B. 128). —*Ferdinand*, en pied (129). Deux portraits in-fol., gravés sur bois.

> Très belles épreuves. Rares. Col. F.-Didot.

CRANACH (Attribuée à L.).

349. *François I*er, roi de France (Heller. app. 38). Pièce gravée
sur bois.

Très belle épreuve. Rare.

DALEN (CORNELIS VAN).

350. *Arétin* (P.), — *Boccace* (J.), — *Piombo* (S. del), — *Barba-
relli* (G.), dit le Giorgon. Suite de quatre portraits in-fol.,
d'après le Titien.

Très belles épreuves avant toutes lettres.

351. *Nassau* (J. Maurice, prince de), d'après G. Flinck.

Très belle épreuve.

DANANCHE (XAVIER).

352. Eaux-fortes diverses. Quatre pièces.

Très belles épreuves.

DAUBIGNY (CH.-F.).

353. Cahiers d'eaux-fortes. Titre et vingt et une pièces de petite
ou de moyenne dimension (Ber. 6).

Très belles épreuves avant que l'indication de la rue Saint-Jacques,
dans l'adresse de Delatre, ait été remplacée par celle de Mont-
martre.

DAULLÉ (J.).

354. *Anastasie*, landgravine de Hesse-Hombourg, née princesse
Troubetzkoi, d'après Roslin (Del. 2). In-folio.

Superbe et très rare épreuve avant les noms du peintre et du
graveur. Col. de Béhague.

355. *Baron*, célèbre acteur, d'après F. de Troy (8). In-fol.

Très belle épreuve avant la lettre.

356. *Maupertuis* (P.-L. de), géomètre, d'après Tournières (44).
In-fol.

Très belle épreuve avant toutes lettres.

357. *Mignard* (Cath.), comtesse de Feuquières, d'après P. Mignard (47). In-fol.

Très belle épreuve avant l'adresse du graveur. Col. de Béhague.

358. *Caylus* (Marguerite de Valois, comtesse de), d'après H. Rigaud (84). In-fol.

Très belle épreuve.

359. *Stuart* (Charles-Édouard), le Prétendant. Médaillon ovale équarri posé sur un socle. In-4 (78).

Très belle épreuve. Rare.

360. *Le Dauphin*, fils de Louis XV, enfant. — Le même personnage plus âgé. — Louis-Philippe d'Orléans, duc de *Chartres*. Trois portraits in-folio.

Très belles épreuves.

361. Le Chancelier d'*Aguesseau*. — Le Président de *Lamoignon*. — *Louis*, Dauphin, fils de Louis XV. — Ch.-F. *de Laubrière*, évêque de Soissons. Quatre portraits in-4 et in-folio.

Très belles épreuves.

DAUMONT (A Paris, chez).

362. Le Matin. Grand placard pour paravent.

Épreuve coloriée du temps.

DAVID (H.).

363. *Vic* (Cath. de Boulainvilliers de Courtenay, dame de).

Très belle épreuve. Rare.

DEBUCOURT (P.).

364. L'Escalade ou les Adieux du matin, 1787. — Heur ou malheur, ou la Cruche cassée, 1787. Deux pièces faisant pendants.

Très belles épreuves en couleur.

365. Almanach national pour l'année 1791, iii° de la Liberté. Dédié aux amis de la Constitution.

Très belle épreuve en couleur, du premier tirage, avec le portrait de Louis XVI, au milieu du haut de l'encadrement. Marge.

366. **La Promenade publique, 1792.**

Très belle épreuve en couleur avec la marge entière du cuivre.

367. **La Croisée.**

Magnifique épreuve avant toutes.lettres, avant beaucoup de travaux et avant de nombreux changements dans la composition, notamment:

A droite, on voit un jeune homme prendre un billet et baiser la main que la jeune femme tient en dehors de la croisée; par la suite, cette figure a été effacée et remplacée par un groupe composé d'une jeune fille et d'un jeune garçon.

A gauche, le vieillard qui se trouve dans l'appartement est plus âgé, sa perruque n'a pas la même forme et sa physionomie a une tout autre expression.

Cette épreuve, imprimée en noir, a toute sa marge et est de la plus grande fraîcheur. Excessivement rare dans cet état et dans cette condition. Collection Mulhbacher.

368. **Modes et manières du jour. Suite de cinquante-deux pièces dont nous ne possédons que quarante-neuf. Manquent les n°s 42, 48 et 52.**

Très belles épreuves dont un grand nombre a de grandes marges.

369. **Pauvre Annette. — Que vas-tu faire? — La Rose mal défendue. Trois pièces.**

Belles épreuves.

370. **Oui, son arrivée fera notre bonheur. Grande pièce en largeur.**

Belle épreuve.

371. **Chacun son tour, d'après C. Vernet.**

Très belle épreuve en couleur.

372. **Barrière des Champs-Élysées. — La Bénédiction paternelle. — Les premiers pas de Paul et de Virginie. — Il n'y a pas de feu sans fumée. — Le Chiffonnier. Cinq pièces.**

Belles épreuves en noir et en couleur.

DECAMPS (A.-G.).

373. **Le Gardeur de porcs.**

Superbe épreuve avant toutes lettres et sur chine d'une pièce très rare gravée à l'eau-forte.

DELAULNE (E.).

374. Les Arts libéraux. — Grotesques à fonds noirs et blancs. Quinze pièces.

Très belles épreuves.

DELFF (W.).

375. *Élisabeth*, fille de Jacques Ier, d'après J. Mierevelt. In-fol.

Très belle épreuve. Col. F.-Didot.

DESBOIS (Martial).

376. Portraits des professeurs de Padoue (R. D. 57, 60-62, 64, 66-69, 71, 72, 77, 78). Ensemble treize pièces.

Belles épreuves.

DESHAYES (D'après).

377. La Fidélité surveillante, par Froding.

Rare épreuve à l'état d'eau-forte. Grande marge.

DESPLACÉS (L.).

378. *Duclos* (M. A. de Châteauneuf, Mademoiselle) de la Comédie-Française, d'après L. de Largillière. In-fol.

Superbe épreuve avec une grande marge.

379. *Titon du Tillet* (Marguerite Bécaille Vve de), d'après Largillière. In-fol.

Superbe et rare épreuve avant la lettre et avec la bordure non terminée.

DESPORTES (D'après J.).

380. La Chasse au loup. — La Chasse au sanglier. Deux pièces gravées par Joullain.

Très belles épreuves.

DESRAIS (D'après).

381. La Femme vengée.

Très rare épreuve au trait; au verso de l'estampe, une seconde épreuve moins bien venue.

DE TROY (D'après F.).

382. L'Amant sans gêne, par C.-N. Cochin.

> Superbe et très rare épreuve avant toutes lettres. Col. Mülh-bacher.

383. *Fuyez, Iris, fuyez, ce séjour est à craindre,* etc., par C.-N. Cochin.

> Superbe et très rare épreuve avant toutes lettres. Col. Mülhba-cher.

DICKINSON (W.).

384. Lydia, gravé à la manière noire d'après W. Peters.

> Très belle épreuve, elle manque de conservation.

DOSSIER (M.).

385. *Neyret de la Ravoye* (Anne Varice de Vallière, épouse de), sous la figure de Pomone, d'après H. Rigaud. In-fol.

> Très belle épreuve. Marge.

DREVET (P.).

386. *Ernest-Auguste,* XVImᵉ duc de Brunswick-Lunebourg et premier électeur de Hanovre (F. D. 30). In-fol.

> Très belle épreuve. Rare. Col. F. Didot.

387. *Neufville de Villeroi* (F. Paul de), archevêque de Lyon (28). — *Poilly* (F. de), graveur (105). Deux portraits.

> Très belles épreuves. Marges.

388. *Philippe V,* roi d'Espagne, d'après H. Rigaud (41). Grand in-fol.

> Superbe et rare épreuve du 1ᵉʳ état et avant l'addition de la planche accessoire. Marge. Col. de Béhague.

388 bis. La même estampe.

> Très belle épreuve du même état, mais avec l'addition de la planche accessoire renfermant la dédicace au duc de Bourgogne. Grande marge. Col. F.-Didot.

389. *Finé de Brianville* (Oronce), abbé de Pontigny (47). In-fol.
> Très belle épreuve du 1ᵉʳ état.

390. *Fourcy* (Balth. Henri de), abbé de Saint-Wandrille (50). In-fol.

> Très belle épreuve du 2ᵉ état, avant la dédicace sur la tablette. Grande marge.

391. *Louis XIV*, roi de France, d'après H. Rigaud (53). Grand in-fol.

> Belle épreuve avec une grande marge.

392. *Louis XIV*, en pied, d'après H. Rigaud. Très grand in-fol. (55.)

> Superbe épreuve. Collection F.-Didot.

393. *Bourgogne* (Louis, duc de), d'après H. Rigaud (57). In-fol.

> Très belle épreuve du 2ᵉ état, avant la lettre, mais avec les noms des artistes. Col. de Béhague.

394. *Toulouse* (Louis-Alexandre de Bourbon, comte de), amiral de France (63). Grand in-fol.

> Très belle épreuve. Rare.

395. *Toulouse* (Louis Alexandre de Bourbon, comte de), amiral de France, d'après F. de Troy (65). In-fol.

> Très belle épreuve avec une très grande marge.

396. *Toulouse* (Lˢ Aᵈʳᵉ de Bourbon, comte de) (65). — *Orléans* (Lˢᵉ Adélaïde d') Abbesse de Chelles (18). Deux portraits in-fol. d'après H. Rigaud et Gobert.

> Belles épreuves décorant les thèses soutenues par J. B. Thibault, Américain, et François Roussel. Très rares en cet état.

397. *Keller* (B.), commissaire général des fontes de l'artillerie de France (76). In-fol.

> Très belle épreuve.

398. *Desjardins* (Marie Cadesne Mᵐᵉ) (38). *Keller* (Madame), (77). Deux portraits in-fol.

> Très belles épreuves. Grandes marges.

399. *Lambert de Thorigny* (N.), président en la Chambre des comptes, d'après N. de Largillière (80). In-fol.

> Superbe épreuve. Col. de Béhague.

400. *Laubespine* (Marie de), femme de N. Lambert, d'après N. de Largillière (81). In-fol.

Superbe et rare épreuve du 2ᵉ état, avant que l'indication de la rue, dans l'adresse de Drevet, ait été supprimée. Col. de Béhague.

401. *Rohan* (Armand-Gaston, prince de); cardinal (113). In-fol.

Très belle épreuve avant la croix pastorale et avant que les vers, sur la tablette, aient été effacés. Grande marge.

402. *Boileau-Despréaux* (N.), d'après H. Rigaud (24). — *Delpech*, marquis de Mérinville, d'après N. de Largillière (37). Deux portraits in-fol.

Très belles épreuves.

403. *Ant. Arnauld* (14). — *P. Couvay.* (18). — Duc de *Noailles* (101). Quatre portraits in-fol.

Très belles épreuves.

DREVET (P.-J.).

404. *Orléans* (Louise A. d'); abbesse de Chelles, d'après Gobert (20). — *Louis XV* conduit par Minerve au temple de l'Immortalité, d'après Coypel (22). Deux portraits in-fol.

Très belles épreuves.

405. *Mailly* (François de), cardinal-archevêque de Reims (26). In-fol.

Belle épreuve. Grande marge.

406. Cisternay *du Fay.* — *P. Issaly.* — Arnold *de Ville.* — *Princesse Palatine.* — Guil. *de Vintimille.* Cinq portraits in-fol. et in-4.

Belles épreuves.

DREVET (Cl.).

407. *Le Bret* (Mˡᵉ-Hˡᵉ de la Briffe, Madame), d'après H. Rigaud (F. D. 9.). In-fol.

Très belle épreuve avec une très grande marge.

DUCERCEAU (J. ANDROUET).

408. Meubles. 42 pièces sur 27 feuilles.

Très belles épreuves.

408 *bis*. Trois armures romaines sur une même feuille.

Très belle épreuve. Rare.

DUJARDIN (KAREL).

409. La Vache et le Veau (B. 3).

Superbe épreuve avant le numéro. Collection Brood'hurst.

410. Les Chiens de chasse (5).

Magnifique épreuve du tout premier état, avant le numéro et avec la coulure d'eau-forte interrompant, à droite, le trait carré. Excessivement rare.

411. L'Homme qui se chausse (11).

Très belle épreuve avant le numéro.

412. La Paysanne dans l'eau (27).

Très belle épreuve avant le numéro. Collection Brood'hurst.

413. Le Champ de bataille (28).

Très belle épreuve avant le numéro.

414. Le Mulet aux clochettes (29).

Très belle épreuve avant le numéro.

415. Le Mouton couché (37).

Très belle épreuve avant le numéro. Collection Brood'hurst.

DU MESNIL (D'après).

416. Le Cervolant. — La Poupée et le Volant. — Le Suppot de Bacchus. Trois pièces gravées par de F. et Basan.

Très belles épreuves avec marges.

DUPUIS (N.).

417. *Coustou* (N.), sculpteur, d'après Legros. — *Roslin*, le Suédois, peintre. Deux portraits in-fol.

Très belles épreuves avant toutes lettres.

DURER (ALBERT).

418. La Passion de Jésus-Christ. Suite de seize estampes.
(B. 3-18).

Très belles épreuves.

419. L'Homme de douleurs aux bras étendus (20).

Superbe épreuve. La petite marge, tout autour de la pièce, est rapportée. Col. F.-Didot.

420. Sainte Anne et la jeune Vierge (B. 29).

Très belle épreuve. Signée P. Mariette, 1674.

421. La Vierge allaitant l'Enfant-Jésus (34).

Très belle épreuve. Col. F.-Didot.

422. La Vierge couronnée par un ange (37).

Belle épreuve.

423. La Sainte-Famille au papillon (44).

Très belle épreuve avant la retouche. Au verso, une très faible épreuve de la Mélancolie, probablement un essuyage de la planche.

424. Saint Hubert ou saint Eustache (57).

Magnifique épreuve tirée sur papier à la grande couronne. Excessivement rare de cette qualité. Col. F.-Didot.

425. Saint Antoine (58).

Très belle épreuve.

426. Les trois Génies (66).

Très belle épreuve.

427. L'Enlèvement d'Amymone (71).

Superbe épreuve avec une petite marge.

428. Les Effets de la jalousie (73).

Belle épreuve.

429. La Mélancolie (74).

Superbe épreuve. La petite marge est rapportée. Col F. Didot

430. **Le groupe des quatre Femmes nues (75).**

   Superbe épreuve.

431. **La grande Fortune (77).**

   Très belle épreuve.

432. **Le petit Courrier (80).**

   Très belle épreuve. Col. F.-Didot.

433. **Le Joueur de cornemuse (91).**

   Très belle épreuve.

434. **Les Offres d'amour (93).**

   Très belle épreuve.

435. **Le Pourceau monstrueux (95).**

   Très belle épreuve.

436. **Le grand Cheval (97).**

   Très belle épreuve.

437. **Les Armoiries au coq (100)**

   Très belle épreuve. Col. Marshall et F.-Didot.

438. **Les Armoiries à la tête de mort (101).**

   Superbe épreuve. Col. F.-Didot.

439. **La Vie de la Vierge. Suite de vingt estampes gravées sur bois (B 76-95).**

   Superbes épreuves de la 1re édition, avant le texte au verso. Elles sont d'une netteté et d'une conservation parfaite, sauf la première pièce : La Vierge assise sur le croissant (B. 76), qui est rognée et collée en plein. Suite excessivement rare à rencontrer aussi belle. Col. John Barnard.

440. **Char triomphal de l'empereur Maximilien Ier. Suite de huit planches gravées sur bois (B. 139).**

   Superbes et très rares épreuves de la seconde édition, avec la date de 1523 sur le dernier morceau ; elles sont en très bonne condition quoique assemblées et collées sur toile.

DUPIN (N.) fils.

441. *Artois* (le comte d'), plus tard Charles X, d'après Hall. In-4.

Très belle et rare épreuve avant toutes lettres. Col. F.-Didot.

442. *Rousseau* (J.-B.). In-8.

Superbe et très rare épreuve avant toutes lettres et avant l'encadrement.

DUVET (Jean) dit le MAITRE A LA LICORNE.

443. Estampes décorant l'Apocalypse. Suite complète de 23 pièces (R. D. 27-49).

Très belles épreuves auxquelles on a joint le titre de l'édition de 1561 : *L'apocalypse figurée, par Maistre Jehan Duvet, jadis orfèvre des Roys François premier de ce nom, et Henri deuxième. A Lyon, avec privilège du Roy pour douze ans. 1561.* Elles sont sans marges et la planche 21 de la suite a une légère restauration. Excessivement rare.

444. Saint Jean voit sept chandeliers d'or (28).

Très belle épreuve.

DYCK (Ant.).

445. *Franck* (François).

Très belle et rare épreuve avec l'adresse G. H. et avec la faute au mot *Franck* lequel est écrit *Uranx.*

446. *Momper* (Josse de).

Superbe épreuve avec l'adresse G. H. Rare.

447. *Noort* (Adam van).

Très belle et rare épreuve avec l'adresse G. H. Grande marge.

448. *Cornelissen* (Ant.).

Très belle épreuve du 3e état, avec l'adresse de M. Vanden-Enden et le nom du graveur.

DYCK (d'après Ant. Van).

449. *Breuck* (Jacques de), par P. Pontius.

Superbe épreuve du 1er état, avant le nom du graveur et avec l'adresse de M. Vanden-Enden. Marge.

450. *Callot* (Jacques), par Vorsterman.

Superbe épreuve du 1er état, avant le nom du graveur et avec l'adresse de Martin Vanden-Enden. Marge.

451. *Dyck* (Ant.), par Vorsterman.

Très belle épreuve du 2e état, avec l'adresse de M. Vanden-Enden.

452. *Orléans* (Gaston de France, duc d'), par Vorsterman.

Très belle épreuve du 2e état, avec l'adresse de M. Vanden-Enden. Grande marge.

453. *Peiresc* (N. Fabrice de), par Vorsterman.

Superbe épreuve du 1er état, avant le nom du graveur et avec l'adresse de M. Vanden-Enden. Marge.

454. *Vouet* (Simon), par R. Van Vorst.

Superbe épreuve, du 1er état avec le nom du personnage écrit en caractères très larges et avec l'adresse de M. Vanden-Enden. Très grande marge.

455. *Edelheer* (I.), par Lommelin.

Superbe et très rare épreuve du 1er état, avant toutes lettres. Collection F.-Didot.

456. *Jordaens.* — *Gevaert.* — *F. de Moncade.* — *Rockox*, etc., six portraits gravés par P. Pontius, Vorsterman et autres.

Très belles épreuves des premiers et seconds états.

457. *Blancaccio* (Lelio). — *Delmont* (Déodat). — *Galle* (Théodore). — *Jode* (Pierre de). — *Mirabelle* (marquis de). Cinq portraits gravés par N. Lauwers, Vorsterman et Blooteling.

Très belles épreuves avec l'adresse de M. Vanden-Enden et les noms des graveurs.

458. *Lemon* (Marguerite). — *Portland* (Jérôme). — *Weston* (comte de). — *Portland* (comtesse de). — *Wael* (Lucas et Corneille). Cinq portraits gravés par W. Hollar.

Très belles épreuves du 1er état, avec l'adresse de J. Meyssens.

459. *Solms* (Émilie de). — *Ruten* (Marie). — *Bruyner* (Abel), médecin du duc d'Orléans. — *Lumagne* (M.-A.), amateur de tableaux. Quatre portraits gravés par Waumans, Wyngaerde et M. Lasne.

Très belles épreuves.

460. Sainte-Famille, dite aux Anges, par S. A. Bolswert.

Très belle épreuve avec l'adresse de M. Vanden-Euden.

ÉCOLES ALLEMANDE ET FLAMANDE.

461. Trente-six pièces par et d'après Aldegrever, Durer, Goltzius, Téniers, Suiderhoef et autres.

Anciennes et belles épreuves.

ÉCOLE FRANÇAISE, XVIIIᵉ SIÈCLE.

462. Les Effets du magnétisme... animal.

Très belle épreuve d'une jolie pièce, satirique, gravée à l'eau-forte

463. Diane et Actéon. — Costumes chinois. — Fêtes vénitiennes. — La troupe italienne. — La sortie du bain, etc. Vingt-deux pièces d'après Courtin, Trinquesse, Watteau et autres.

Belles épreuves.

464. La petite Thérèse. — L'Indiscret. — Le Baiser à la dérobée. — Le Jardinier galant. — Pièce sur les coiffures. — Familiarité dangereuse, etc. Dix pièces, d'après Borel, Caresmes, Fragonard et autres.

Belles épreuves.

465. Le Concert des chats. — Les Disciples de Flore. — Le Marché conclu. — Vue perspective du Panthéon. — Scènes de la Révolution, etc. Vingt pièces.

Belles épreuves.

466. Le Bât. — J.-J. Rousseau aux Champs-Élysées. — Dernières paroles de J.-J. Rousseau. — Coup d'œil de l'arrangement des peintures au salon du Louvre en 1785. — La Sultane reconnaissante, etc. Douze pièces d'après Eisen, Moreau et autres.

Belles épreuves.

467. L'Aveugle détrompé. — La belle Jambe. — Nymphe au bain. — Nymphe surprise par des satyres, etc. Dix pièces.

Belles épreuves en couleur ou coloriées.

468. Costumes des années 1807 à 1812.

Sept pièces coloriées.

ÉCOLE HOLLANDAISE.

469. *Borgia* (Lucrèce), par un anonyme. In-fol.

Très belle épreuve, avant toutes lettres, d'un portrait intéressant comme costume.

470. *Philippe II. — Catherine de Portugal. — Van-Dalen. — Amiral Tromp*, etc. Neuf portraits in-4 et in-fol. par Hogenberg, Gole et autres artistes.

Très belles épreuves.

ÉCOLE ITALIENNE.

471. Judith et Holopherne. — Le dieu Pan assis auprès d'une nymphe. — Léda, d'après Michel-Ange etc. Cinq pièces gravées par Bonasone et autres.

EDELINCK (G.).

472. Saint Louis, roi de France (R. D. 28). — Saint Charles Borromée (29). Deux pièces.

Très belles épreuves, la seconde pièce est avec la prémière adresse.

473. *Berry* (Charles, petit-fils de France, duc de) (147). In-fol.

Très belle épreuve.

474. *Bertin* (P. V.), trésorier des parties casuelles, d'après N. de Largillière (149). In-fol.

Très belle et rare épreuve avant la lettre. Collection F.-Didot.

475. *Bouc* (Pierre van), peintre (157). In-fol.

Très belle et rare épreuve avant la lettre. Col. F.-Didot.

476. *Bragance* (Isabelle de), infante de Portugal (160). — *Pierre II*, roi de Portugal (296). Deux portraits grand in-4.

Très belles épreuves. Rares.

477. *Du Metz* (Gédéon-Berbier), président à la Chambre des comptes de Paris (190). In-fol.

Superbe épreuve avant la lettre.

478. *Fléchier* (Esprit), évêque de Nîmes, d'après H. Rigaud (205). In-4.

Superbe épreuve.

479. *Helyot* (Madame) (223). In-fol.

Superbe et très rare épreuve du 2e des quatre états décrits, avant les mots : *cum, pri, regis*, à la suite de l'adresse d'Édelinck. Grande marge.

480. *Lamoignon* (Madeleine de) (234). In-fol.

Très belle épreuve du 1er état, avant que l'inscription sur la bordure et l'écusson d'armes aient été enlevés.

481. *Leuwen* (Gerbrand van), professeur à Amsterdam, d'après A. Booven (239). In-fol.

Très belle épreuve avant la lettre. Col. F.-Didot.

482. *Louis XIV*, roi de France. Grande composition en deux feuilles superposées, connue sous le titre du *Triomphe de l'Église* ou l'extirpation du Calvinisme (258).

Très belle épreuve du 1er état.

483. *Louis XIV*, à cheval. Grande pièce, en deux feuilles assemblées, appelée la *thèse de la Paix* (259).

Très belle épreuve.

484. *Louvois* (François-Michel Le Tellier, marquis de), ministre d'État, d'après Mignard (261). In-fol. en largeur.

Superbe et très rare épreuve avant les noms des artistes, à droite et à gauche, au bas de l'estampe. Col. de Béhague.

485. *Montarsis* (Pierre de), amateur des beaux-arts, d'après A. Coypel (277). In-fol.

Superbe épreuve du 1er état. Col. F.-Didot.

486.. *Maine* (Louis-Auguste, duc du), d'après A. Dieu. Très petit médaillon au milieu d'une composition allégorique gravée par Le Pautre (264). — *Nassau* (Henri-Casimir, comte de) (283). Deux portraits in-4.

> Très belles épreuves.

487. *Joseph Clément*, prince archevêque de Cologne (227). — *Noailles* (L.-Ant., cardinal de), d'après H. Rigaud (285). Deux portraits grand in-fol.

> Très belles épreuves.

488. *Parent* (J.-Ch.), chevalier romain, d'après Tortebat (287). In-fol.

> Superbe épreuve du 2ᵉ des quatre états décrits. Grande marge. Col. F.-Didot.

489. *Pascal* (Blaise), littérateur célèbre (289). Petit in-fol.

> Très belle épreuve.

490. *Curvo Semedo*, médecin portugais (176). — *Furetière*, de l'Académie française (209). — Madame *Helyot* (223). Trois portraits in-fol.

> Très belles épreuves.

491. *F. Léonard*, imprimeur (242). — *J. Mansart*, célèbre architecte (267). — *P. Simon*, graveur (320). Trois portraits in-fol.

> Très belles épreuves.

492. *Louis XIV* (225). — *Noailles* (Anne-Jules de), maréchal de France (284). — *Philippe V* n'étant encore que duc d'Anjou (294). Trois portraits in-fol.

> Très belles épreuves.

493. *Colbert* (J.-M.), archevêque de Toulouse (172). — *Coëtlogon* (L.-M. de), évêque de Saint-Brieuc (170). — *J.-B. Santeuil* (311). — *Lavergne de Tressan*, évêque du Mans (330). Quatre portraits in-fol.

> Très belles épreuves.

494. *V. Bertin.* — *Carcavy.* — *M. Le Tellier.* — *Keller.* — *Lavergne de Tressan.* — *Savary.* — *Verien.* Sept portraits.

> Très belles épreuves.

EDELINCK (J. et N.)

495. *Morsztyn* (J.-A. comte de), homme d'État polonais. — *Guillaumon* (J.-F.), d'après Vivien. Deux portraits in-fol.

Très belles épreuves. La dernière pièce est avant la lettre.

EISEN (C.).

496. Les trois Grâces, jolie pièce in-8, gravée à l'eau-forte par le maître.

Très belle épreuve avec toute sa marge.

EISEN (d'après Cʜ.).

497. La Comète, par Le Bas.

Très belle épreuve.

FALCK (J.).

498. *Charles-Ferdinand*, prince-évêque de Plock et de Breslau (L. B. 52). In-fol.

Très belle épreuve.

499. *Schack* (J.), général danois, d'après K. van Mander (L.-B. 95).

Superbe épreuve. Col. F.-Didot.

500. *Christine*, reine de Suède, d'après D. Beck (102). In-fol.

Très belle épreuve.

FERDINAND (L.-E.).

501. *Poussin* (N.), célèbre peintre, d'après V. E. In-fol.

Superbe épreuve. Col. F.-Didot.

FICQUET (L.).

502. *La Mothe-Levayer* (F. de), d'après R. Nanteuil (F. 84). — *Saugrain* (G. Cl.), libraire (135). Deux portraits in-4 et in-8.

Très belles épreuves. La première pièce est avant les noms des artistes.

FIRENS (P.).

503. *Médicis* (Marie de), reine de France, à mi-corps, en costume de veuve, dans une bordure ovale reposant sur un champ décoré de feuilles de laurier et armorié dans chaque angle. Au bas, dans une tablette, quatre vers commençant par : *Combien que ce soleil, merveille de beauté, etc.* 1610. In-4.

Superbe épreuve. Très rare.

504. *Louis XIII*, roi de France, à mi-corps, dirigé vers la droite revêtu du manteau royal, dans une bordure ovale reposant sur un champ armorié dans les angles du haut. En bas, dans un cartouche, quatre vers commençant par : *Grand roi duquel la seule voix, etc.* Petit in-fol.

Superbe épreuve. Très rare.

505. *Louis XIII et Anne d'Autriche*, en regard l'un de l'autre, sur la même feuille. In-4 en largeur.

Très belle épreuve avant le texte au verso. Rare. Col. F.-Didot.

506. Le roi Henri IV guérissant les écrouelles, 1605.

Très belle et rare épreuve avant *Cum privilegio regis*.

FLAMEN (A.).

507. Le Jansénisme foudroyé (R. D. 375).

Deux épreuves dont l'une très belle est avant la retouche. Rare.

FLAMENG (L.).

508. La Pièce aux cent florins, d'après Rembrandt.

Très belle épreuve.

FONTAINEBLEAU (ÉCOLE DE).

509. Les Apôtres regardant le Sauveur et la sainte Vierge, grande estampe en quatre morceaux (B. 6-9). — Jupiter accompagné des autres divinités (33). — Des chiens assaillant un cerf (64). — Plusieurs hommes occupés à la pêche (65). Quatre pièces gravées par L. Daven, d'après J. Romain et le Primatice.

Très belles épreuves.

510. La Nymphe de Fontainebleau, gravé par R. Boyvin d'après Maître Roux (R. D. 18).

> Très belle épreuve.

511. Jupiter plaçant dans le ciel la nymphe Calisto, gravé par G. Ghisi d'après le Primatice.

> Superbe épreuve. Col. de Laurencel.

512. Jupiter pressant les nuées pour en faire sortir la pluie. — L'Amour en l'air, tirant une flèche dans le cœur d'Apollon. — La Lapidation de saint Etienne. —, L'Ignorance vaincue. — Les Troyens introduisant dans la ville le cheval de bois, etc. Dix pièces gravées par L. Daven, R. Boyvin et autres.

> Belles épreuves.

FORNAZERIS, G. ISAAC et autres.

513. *Louis XIII*, roi de France. Huit différents portraits in-4 et in-8, la plupart équestres.

> Très belles épreuves.

FRAGONARD (d'après H.).

514. Le Colin-maillard par Beauvarlet.

> Superbe et très rare épreuve avant toutes lettres. Toute marge Collection de Béhague.

515. La Chemise enlevée, par Guersant.

> Très belle et rare épreuve avant toutes lettres, seulement les noms des artistes tracés à la pointe. Manque un peu de conservation.

516. La Gimblette, par Bertony.

> Superbe et très rare épreuve avant toutes lettres, avant les armes et avant la draperie. Les marges sont couvertes d'essais de burin Col. Mulhbacher.

517. La même estampe.

> Superbe épreuve avant toutes lettres et avant les armes, mais avec la draperie. Col. Mulhbacher.

518. Les Vœux acceptés ?

> Belle épreuve d'une estampe qui n'a jamais été terminée.

519. Les Pétards. — Les Jets d'eau. Deux pièces, faisant pendants, publiées chez Alibert.

Belles épreuves avec toutes leurs marges.

520. On ne s'avise jamais de tout, par Patas.

Épreuve à l'état d'eau-forte. Marge.

521. La même estampe.

Très belle épreuve avant toutes lettres et avant la pagination.

522. Le Pâté d'anguille, par Patas.

Superbe épreuve avant toutes lettres et avant la pagination. Toute marge.

523. Le Poirier.

Très belle épreuve. Toute marge.

FREUDEBERG (d'après S.).

524. Le Boudoir, par Maleuvre.

Très belle épreuve avec la tablette blanche.

525. La Promenade du matin. — La Promenade du soir. Deux pièces gravées par Ingouf.

Très belles épreuves avant les numéros.

526. Le Coucher. — Evénement au bal. — L'Occupation. — La Toilette. — La Soirée d'hiver. — Les Confidences. Six pièces.

Très belles épreuves avant les numéros.

527. Le petit Jour, par N. De Launay.

Belle épreuve.

528. La Vertu irrésolue, par Ingouf.

Très belle et rare épreuve avant toutes lettres, non entièrement terminée.

529. La Surprise. — Le galant Chirurgien. — L'Instant favorable. Trois pièces gravées par Trière et Voyez l'aîné.

Très belles épreuves.

FRIESE (A Paris, chez).

530. Aux Amateurs de physique.

> Très belle épreuve d'une pièce rare gravée à l'eau-forte.

FROSNE. — N. DE LARMESSIN (LE VIEUX).

531. *Lorraine-Elbeuf* (Cath.-Henriette, légitimée de France, duchesse de). — *Ventadour* (Marie de la Guiche, duchesse de). Deux portraits in-fol.

> Très belles épreuves. Très rares.

GALLE (C.).

532. *Médicis* (Marie de). — Le *même personnage*, par Halwegh. — *Marie-Thérèse* et Philippe, *duc d'Orléans*, par Gole. Quatre portraits in-fol.

> Très belles épreuves.

GANTREL.

533. *Rancé* (Henri de), chevalier de Malte, capitaine des galères et commandant du port de Marseille, frère du célèbre abbé de la Trappe. In-8.

> Très belle épreuve. Très rare.

GAUCHER (Ch.-L.).

534. *Marie Leckzinska*, reine de France, d'après Nattier, dans un encadrement de lys et de roses (P. et B. 112). In-8.

> Très belle épreuve avant le texte au verso.

GAULTIER (L.).

535. « Pourtraictz de plusieurs hommes illustres qui ont ‖ flory en France depuis l'an 1500 iusques a present. » Suite de cent quarante-quatre portraits connus sous le nom de *Chronologie collée.*

> Très belles épreuves d'une suite d'autant plus intéressante que l'on ne connait pas d'autres portraits de certains personnages. Col. Didot.

536. « Pourtraict du sacre et couronnement de Marie de Médicis, Royne tres chrestienne de France et de Navarre,
faict a Sainct-Denis en France le jeudy 13 de May 1610. »
J. le Clerc exc. Avec privilege du Roy.

Très belle épreuve. Rare.

537. *Bayard* (Le chevalier). In-8.

Très belle épreuve avant l'adresse de Mariette.

538. *Lorraine* (Louise de), reine de France. — *Valois* (Marguerite de), première femme de Henri IV. Deux portraits
in-8.

Belles épreuves.

539. *Marie de Médicis*, reine-régente de France, en costume de
veuve. In-12.

Très belle épreuve. Très rare. Col. F. Didot.

540. *Bourbon* (Catherine de), sœur de Henri IV. In-18.

Superbe épreuve. Très rare. Col. F.-Didot.

541. *Louis XIII.* — *Nemours* (duchesse de). — *Pont* (marquis
du). — *Clément VIII.* — *De la Broderie* (Guy) etc.
Six portraits in-8.

Très belles épreuves.

GAZARD et COLLIBERT (d'après).

542. Le malin Cuisinier. — La Cuisinière française. Deux pièces,
faisant pendants, gravées à la manière du lavis par
Vidal.

Très belles épreuves avec de grandes marges.

GELÉE (Cl.) dit le LORRAIN.

543. Le Pont de bois (R. D. 14).

Ancienne et très belle épreuve.

544. Le Soleil couchant (15).

Superbe épreuve, où le soleil est très apparent. Col. Didot.

545. Le Port de mer à la grosse tour (13).

Très belle épreuve.

546. Berger et bergère conversant (21).

Superbe épreuve du 1ᵉʳ état, avant beaucoup de travaux et de nombreux changements, notamment avant que certaines branches, du groupe d'arbres qui occupe le centre de l'estampe et qui atteignent presque le bord supérieur de la planche, aient été diminuées dans leur hauteur. Rare.

GERARD (d'après Mᶫᶫᵉ).

547. Les Regrets mérités, par N. De Launay.

Très belle épreuve avant la lettre, seulement le titre et les noms des artistes tracés à la pointe en caractères très fins. Toute marge.

GÉRICAULT (Th.).

548. Le Maréchal anglais. — Chevaux conduits à la foire montant une côte. — Deux chevaux de poste à la porte d'une écurie. — Jeune garçon donnant l'avoine à un cheval. — Cheval hargneux. — Vieux cheval à la porte d'une auberge. Six lithographies imprimées chez Villain.

Très belles épreuves tirées avant que le nom de Villain ait été effacé.

GHEYN (J. de).

549. *Condé* (Henri de Bourbon, premier prince de). In-18.

Très belle épreuve.

550. *Grotius* (Hugo). In-12.

Très belle épreuve. Marge.

GHISI (Les).

551. Apollon debout (B. 20). — Vénus embrassant Adonis au retour de la chasse (42). — Vulcain forgeant des armes à l'Amour (54). Trois pièces.

Très belles épreuves.

552. Le Jugement de Pâris. — Procris est frappé d'un javelot. — Les Troyens repoussant les Grecs. Trois pièces (B. 60, 61 et 20).

Belles épreuves.

GHISI (G.).

553. Les angles de la Chapelle Sixtine au Vatican, peints par Michel-Ange. Suite de six estampes (B. 17-22).

Très belles épreuves.

GIFFART (P.).

554. *Maintenon* (F. d'Aubigné, marquise de). In-fol.

Très belle épreuve avec une grande marge.

GILLOT (Cl.).

555. Fête de Diane. — Fête de Bacchus. — Fête de Faune. — Fête du dieu Pan. Suite de quatre pièces faisant pendants.

Superbes et rares épreuves avant les vers. Marges.

GILLOT (d'après Cl.).

556. Dessus de clavecins. Deux pièces gravées à l'eau-forte par le comte de Caylus et retouchées au burin par L. Crépy fils.

Très belles épreuves. Rares.

557. Grand encadrement pour un titre de livre ou d'atlas, par Huquier.

Très belle épreuve, avec le titre : *Estampes pour le cabinet du Roy*, etc., manuscrit. Toute marge.

GLOCKENTON (A.).

558. Jésus au Jardin des Oliviers. — La Sépulture (B 4 et 10). Deux pièces.

Très belles épreuves avant la retouche. Le n° 11 est restauré.

GOLE (J.).

559. *Marot* (D.), d'après N. de Platte Montaigne. In-4.

Très belle épreuve avec marge. Très rare.

GOLTZIUS (H.).

560. Jésus, les Douze Apôtres et saint Paul Suite de quatorze
pièces (B. 43-56).

Superbes épreuves avec marges. Col. Didot.

561. *Nicquet* (177).

Très belle épreuve. Col. F.-Didot.

562. *Broeckhoven* (J.). bourgmestre de Leyde (163). *Daventer*
(N. de), mathématicien (204). Un homme occupé à
écrire (211). Trois portraits in-8.

Très belles épreuves.

563. Un officier de guerre debout et s'appuyant sur une halle-
barde, 1583 (215).

Superbe épreuve. Col. de Béhague.

GOLTZIUS (d'après H.).

564. Les habillements des officiers et soldats d'un régiment
d'infanterie des Pays-Bas. Suite de douze pièces gravées
par J. de Gheyn (B. 1 à 12).

Superbes épreuves. Rares de cette qualité.

565. Militaires hollandais. Suite de trois pièces gravées dans
le goût de J. de Gheyn (95-97).

Très belles épreuves dont une, le n° 96 de la suite, est avant toutes
lettres. Excessivement rares en cet état. Col. de Béhague.

566. Les sept Péchés capitaux. Suite de sept pièces gravées par
J. Matham (271-277).

Très belles épreuves avec marges. Col. de Béhague.

567. La Circoncision (B. 18). — Des jeunes gens et des jeunes
filles implorent Vénus (32). — Des buveurs prient Bacchus de leur continuer ses dons (33). Trois pièces. Les
deux dernières sont gravées par Saenredam.

Très belles épreuves.

6

568. Andromède attachée sur le rocher (162). — Loth et ses
filles (14). — Un peintre peignant d'après nature une
femme qui se regarde dans un miroir (100). — La Nuit.
Quatre pièces gravées par Matham et Saenredam.

Très belles épreuves.

GOURMONT (JEAN DE).

569. *Bourbon* (Charles, cardinal de), cousin germain de
Henri IV, en pied, assis dans son cabinet. In-8.

Très belle épreuve.

GRATELOUP (J.-B. DE).

570. *Bossuet* en pied, d'après Rigaud (F. 1), 3ᵉ état, sur chine
volant.
Bossuet en buste, d'après Rigaud (2), 3ᵉ état.
Descartes, d'après F. Hals (3), 3ᵉ état, sur chine fixé.
Dryden, d'après Kneller (4), 3ᵉ état.
Fénelon, d'après Vivien (5), 4ᵉ état.
Adrienne Lecouvreur, d'après Ch. Coypel (6), 1ᵉʳ état, sur
chine.
Montesquieu, d'après un médaillon de J. Dassier (7),
2ᵉ état.
Polignac (Melchior de), d'après H. Rigaud (8), 4ᵉ état.
Rousseau (J.-B.), d'après Aved (9), 2ᵉ état.

Ces neuf pièces, formant l'œuvre complète de J.-B. Grateloup,
sont très belles et ont pour la plupart toutes leurs marges.

571. *Descartes* (R.). — *Rousseau* (J.-B.). 2 portr. in-12, d'après
Hals et Aved.

Très belles épreuves.

GREUZE (d'après J.-B.).

572. La Vertu chancelante, par Massard.

Très belle épreuve avant toutes lettres.

573. La Savonneuse, par Danzel.

Très belle épreuve avant toutes lettres.

574. La Fille confuse, par Ingouf.

Superbe et très rare épreuve avant la lettre. Marge. Collection de
Béhague.

575. Le Malheur imprévu. par R. de Launay.

> Très belle épreuve avant la dédicace.

576. La Tricoteuse endormie, par Cl. Donat Jardinier.

> Très belle épreuve avec toute sa marge.

577. L'Accordée de village. — Le Paralytique servi par ses enfants. Deux pièces gravées par Alix.

> Très belles épreuves en couleur.

578. Étude de tête pour la Dame de charité. — Les premières leçons de l'amour. — La Fille confuse. Trois pièces gravées par Massard. Voyez l'aîné et Moitte.

> Très belles épreuves.

GRIGNON (J.).

579. *Montausier* (Ch. de Sainte-Maure, duc de), gouverneur du Grand Dauphin, d'après C. de Fèvre. In-fol.

> Très belle épreuve. Rare.

GOYA (J.).

580. L'Aveugle enlevé sur les cornes d'un taureau.

> Très belle épreuve. Rare.

GRANTHOMME (J.).

581. *Médicis* (Catherine de), reine de France (R. D. 47). In-8.

> Superbe et rare épreuve avant l'inscription : *La Reine mère du Roy.* Col. F.-Didot.

582. *L'Hospital* (Michel de), chancelier de France (64). In-8.

> Très belle épreuve. Rare.

GUNST (P.).

583. *Orléans* (Marie-Louise d'), fille de Monsieur, reine d'Espagne. In-fol.

> Très belle épreuve.

HALBEECK (J.).

584. « Le Sacre et le Couronnement du Roy tres-Chrestien
Louys XIII, roi de France et de Navarre, célébré à
Reims le dimanche dix-septiesme octobre MD.CX. »,
d'après F. Quesnel.

> Très belle épreuve entourée de sa légende explicative. Col. F.-
> Didot.

585. « Pourctraits de tous les Roys de France et le temps que
chacun d'eux a régné. » *A Paris, chez Jean Leclerc,*
1610. Suite de 64 portraits finement gravés allant de
Pharamond à Louis XIII.

> Très belle épreuve entourée de sa légende explicative. Rare.

HAELWEGH (A.).

586. *Christian IV*, roi de Danemark, d'après K. van Mander.
In-fol.

> Très belle épreuve. Très rare. Col. F.-Didot.

587. *Christian V*, roi de Danemark. — *Madeleine-Sybille*, sa
femme. Deux portraits in-fol., faisant pendants, gravés
d'après K. van Mander.

> Très belles épreuves. Très rares. Col. Didot.

HILAIR (d'après J.-B.).

588. L'Esclave heureux.

> Très belle épreuve avec une grande marge.

HOGENBERG.

589. Tentative d'assassinat de Henri IV, par J. Chatel. — Mort
de Concini, estampe à six compartiments où sont représentées les différentes scènes de son supplice. Deux
pièces.

> Très belles épreuves.

HOLLAR (W.).

590. Le Calice, d'après A. Mantegna (P. 2463).

> Superbe épreuve avec marge.

591. Pot d'orfèvrerie. — Motifs destinés à l'ornementation d'une épée et d'un poignard. Trois pièces d'après Holbein.

Très belles épreuves.

592. Les Saisons représentées par des jeunes femmes en élégants costumes. Six pièces.

Très belles épreuves.

HOLLAR (Genre de).

593. *Philippe le Bon*, duc de Bourgogne. In-12.

Très belle épreuve. Fort rare.

HOPFER (D. et J.).

594. Frontispice d'architecture. — La Déesse tutélaire de la ville de Rome assise sur un amas d'armes (B. 21 et 37).

Très belles épreuves avant les numéros.

595. *Charles-Quint*, 1520 (B. 58). — *Luther* (Martin) (86). Deux portraits in-4.

Très belles épreuves avant les numéros.

HOUBRAKEN (J.).

596. *Erasme*. — Louise de *Coligny*. Deux portraits in-f° et in-8.

Très belles épreuves avant la lettre.

HOUVE (P. DE LA) exc.

597. *Pont* (Henri, prince de Lorraine, marquis du). In-8.

Superbe épreuve.

598. *Marie de Médicis*, reine de France. — *Montpensier* (Henri de Bourbon, duc de). — *Lorraine* (Henri II de), marquis du Pont. Trois portraits in-8.

Superbes épreuves.

HOUVE (P. DE LA) excud. et autres.

599. *Henri III.* — *Guise* (cardinal de). — *Clément VIII.* — *Conty* (Prince de). — *Soissons* (Comte de), etc. Huit portraits in-8.

Très belles épreuves.

HUET (d'après J.-B.).

600. Hercule et Omphale, par Bonnet.

Superbe et rare épreuve en couleur, avant toutes lettres.

601. Le Chat au guet, par Bonnet.

Très belle épreuve en couleur. Marge.

602. La feinte Résistance. — Le Serpent sous les fleurs. Deux pièces, faisant pendants, gravées par Patas et Godefroy.

Très belles épreuves.

603. La Déclaration. — L'Amant pressant. — Le Saut. — La Bascule. — Le Goûter champêtre, etc. Huit pièces.

Belles épreuves en couleur.

HUMBELOT.

604. *Orléans* (Gaston de Bourbon, fils de France, duc d'), deux portraits différents. — *Condé* (Louis de Bourbon, duc d'Enghien, prince de). Trois portraits équestres in-fol.

Très belles épreuves. Rares.

HUMBLOT (A.).

605. La rue Quinquempoix en l'année 1720. — Hôtel de Soissons établi pour le commerce du papier. Deux pièces curieuses sur le système de Law, faisant pendants.

Très belles épreuves.

HURET (G.).

606. *Louis XIII* et *Anne d'Autriche* aux pieds de la Vierge (Le vœu de Louis XIII). — *Anne d'Autriche* et *Louis XIV* (Le vœu de Dijon). Le Cardinal *Mazarin*. — Le duc de *Lesdiguières*. Quatre portraits.

Très belles épreuves.

HURTU (J.).

607. Dessins d'orfèvrerie gravés en silhouette blanc sur fond noir. Cinq pièces.

    Très belles épreuves.

INCROYABLES (Pièces sur les).

608. La Revanche donnée aux sans-culottes.

    Très belles épreuves.

INGRES (d'après).

609. L'Odalisque, lith. par Sudre.

    Très belle épreuve avant la lettre, sur chine.

610. Ingres, par Calamatta. — Mlle *Mars*, par Lignion. — *M. Villemain*, par Giraud. Trois portraits in-fol.

    Très belles épreuves. La dernière pièce est avant la lettre.

611. *Racine.* — Le duc d'*Orléans*. — M. et Mme *Gatteaux*. Quatre portraits gravés par Pollet, H. Dupont et Dien.

    Très belles épreuves.

INGOUF.

612. *Artois* (comtesse d') et ses enfants. — *Lebrun* (Madame), par Folo. — *La Fosse* (Ch. de), par Duchange. Trois portraits in-4 et in-fol.

    Très belles épreuves.

JACKSON (John B.).

613. Sujets de l'Ancien et du Nouveau Testament. — Sujets mythologiques. Vingt-quatre pièces gravées en clairs-obscurs, principalement d'après le Titien et P. Véronèse.

    Très belles épreuves.

JANINET.

614. Mademoiselle *Duthé*, 1779, d'après Lemoine, représentée de face et assise devant sa table de toilette ; elle tient des roses d'une main, une lettre de l'autre ; son miroir la reflète de profil.

Très belle épreuve en couleur de la planche carrée, avant que l'estampe ait été découpée à l'ovale et reportée sur un encadrement. Très rare.

JEAURAT (d'après E.).

615. La Coiffeuse. — Le Goûté. Deux pièces gravées par Sornique et Baléchou.

Très belles épreuves avec de grandes marges.

616. Les Éléments, représentés par de jeunes garçons. Suite de quatre pièces gravées par Éth-Marlie Lépicié.

Très belles épreuves avec marges. Rares.

KILIAN (L.)

617. *Ferdinand II*, grand-duc de Toscane. — *Léopold*, archiduc d'Autriche et l'archiduchesse *Claude*, sa femme. — *Auguste*, duc de Brunswick, etc. Dix portraits in-4.

Très belles épreuves.

KIMLI (d'après).

618. L'Espoir du retour, par P.-M. Tardieu.

Très belle épreuve.

LA GARDETTE (d'après DE).

619. Vue de l'intérieur de la Bibliothèque Sainte-Geneviève.

Très belle épreuve avant toutes lettres.

LAGRENÉE (d'après).

620. La Tourterelle. — Le Chant. Deux pièces faisant pendants, gravées par F. Fessard.

Très belles épreuves avec de grandes marges.

LALIVE DE JULLY

621. *Fénelon* (François de Salignac de). — *Massillon* (Jean-Baptiste). Deux portraits in-4.

Très belles épreuves.

LAMBERT (d'après).

622. Paul et Virginie dans la forêt. — Mort de Virginie. Deux
pièces gravées par Legrand.

Très belles épreuves coloriées.

LAMINIT (Se vend chez P.-J.).

623. On y va deux. — On fait réflexions mais trop tard. Deux
pièces faisant pendants.

Très belles épreuves.

LANCRET (d'après N.).

624. Le Glorieux, par N. Dupuis (E. B. 37).

Très belle et rare épreuve avant toutes lettres.

625. Le Glorieux. — Le Philosophe marié. Deux pièces, faisant pendants, gravées par C. Dupuis (37, 61).

Très belles épreuves.

626. *Lise s'en va changer d'humeur et de visage. — Quand vous
voulez toucher quelque cœur amoureux*, etc. Suite de
quatre pièces gravées par Marie Horthemels (47, 63, 65,
67).

Très belles épreuves dont trois sont avant les adresses de M. Horthemels. Rares.

627. Le Gascon puni, par N. de Larmessin.

Très belle épreuve avant l'adresse de Buldet. Grande marge.

628. A femme avare, galant escroc, par de Larmessin.

Très belle épreuve avant l'adresse de Buldet.

629. Repas italien, par J.-P. Lebas (70).

Superbe épreuve avec marge.

630. Les Éléments. Suite de quatre pièces en hauteur, gravées
par C.-N. Cochin, N. Tardieu, L. Desplaces et B. Audran
(4, 27, 34 et 75.)

Très belles épreuves avec de grandes marges. Col. de Béhague.

LANTE (J.).

631. *Catherine II*, impératrice de Russie. — *Voltaire* dans son
cabinet. Deux portraits in-fol.

Très belles épreuves.

LARMESSIN (N. DE) et E. PICART.

632. *Mazarin* (Armand-Charles, marquis de la Porte et de la
Meilleraye, puis duc de), grand-maître de l'artillerie.
Deux portraits in-fol. différents d'après Langlois et
Paillet.

Très belles épreuves. Très rares.

LARMESSIN (N. DE) le fils.

633. *Louis XV* à cheval, d'après Parrocel. — *Stanislas* Ier, roi
de Pologne. — Catherine *Opalinska*, sa femme, d'après
Vanloo. Trois portraits in-fol.

Très belles épreuves.

634. *Orléans* (Philippe de Bourbon, duc de). — *Bouillon* (E.-Th.
de la Tour d'Auvergne, cardinal de). — *Charles III*, roi
d'Espagne, par Gunst. — Le pape *Alexandre VII*, par
Langlois. Quatre portraits in-fol.

Très belles épreuves.

LASNE (M).

635. *Corneille* (Pierre). In-12.

Très belle épreuve. Rare.

636. *Laffemas* (J. de). — *La Serre* (J. de). — *Loménie* (A. de).
— *Loret* (J.), etc. Huit portraits.

Belles épreuves.

637. *Foix* (Gaston de). — *Villeroy* (N. de Neufville, seigneur
de). — *Marillac* (M.), garde des sceaux. — *Louis XIV*.
4 portraits in-8 et in-fol.

Très belles épreuves.

LASNE (M.) et BRIOT.

638. *Créquy et de Canaples* (Charles, sire de), maréchal de France, 1632. In-fol.

Très belle et rare épreuve tirée sur soie. Col. de Béhague.

639. *Toyras* (Messire Jean de Saint-Bonnet, seigneur de), maréchal de France. In-fol.

Superbe épreuve. Rare.

LASNE (M.) et MELLAN (Cl.).

640. *Anne d'Autriche*, reine de France. Quatre portraits in-fol. différents.

Très belles épreuves.

LASNE (M.) et LANDRY.

641. *Louis XIV.* — *Louvois* (Marquis de). — *Le Tellier* (Le chancelier). — *Mesme* (H. de). — *Muis* (I. de). — *Paget* (J.). Six portraits in-fol.

Très belles épreuves.

LAWREINCE (d'après N.).

642. Le Bosquet d'amour, par J.-B. Chapuy (E. B. 11).

Très belle et rare épreuve, en couleur, du 1er état, avant que le titre soit changé en celui de : *Les Grâces Parisiennes au bois de Saint-Cloud.* Marge.

643. La Promenade au bois de Vincennes, par J.-B. Chapuy (50).

Très belle et rare épreuve, en couleur, du 1er état, avant que le titre soit changé en celui de : *Les Grâces Parisiennes au bois de Vincennes.* La partie inférieure de la marge où se trouve l'adresse est coupée.

644. La Balançoire mystérieuse. — Les Nymphes scrupuleuses. Deux pièces, faisant pendants, gravées par Vidal (19 et 42).

Belles épreuves.

645. Le Concert agréable, par C.-N. Varin (E. B. 43).

Très belle épreuve. Toute marge.

646. École de danse, par Dequevauviller (22).

> Très belle épreuve avec l'adresse de Dequevauviller qui, plus tard, fut remplacée par celle de Bance.

647. L'heureux Moment, par N. De Launay (28).

> Très belle épreuve, mais fatiguée et sans marge.

648. La Marchande à la toilette, par Vidal (37).

> Très belle épreuve.

649. Le Mercure de France, par Guttenberg (38).

> Très belle épreuve avec la première adresse, celle de Vidal qui, plus tard, fut remplacée par celle de Depeuille. Toute marge.

650. Qu'en dit l'abbé? par N. de Launay (51).

> Très belle épreuve à l'état d'eau-forte pure, avant toutes lettres, avant les armes et avant de nombreux changements, notamment :
> Les expressions des têtes des deux femmes et leurs coiffures sont toutes différentes de ce qu'elles sont dans l'épreuve terminée, le bras gauche de la femme. qui déroule l'étoffe, et celui de la suivante, qui coiffe sa maîtresse, n'existent pas. On voit dans la marge inférieure, au-dessous du trait carré, quelques traits de pointe et au bas, à droite, près de l'empreinte de la planche, un griffonnement représentant quelques arbrisseaux au bord de l'eau.
> De la plus grande rareté de cet état et dans cette condition. Col. Mulhbacher.

651. Le Billet doux. — Qu'en dit l'abbé ? Deux pièces, faisant pendants, gravées par N. de Launay (10 et 51).

> Très belles épreuves. Celle de Qu'en dit l'abbé, la seule pièce de la suite où il y ait des différences, est avant que la mention : *Graveur* DU *roi de France et de Danemark*, etc., à la suite du nom de de Launay, ait été remplacée par celle de : *Graveur* DES *rois de France*, etc. Très grandes marges.

652. Le Restaurant, par Deni (53),

> Très belle épreuve avec toute sa marge.

653. Les Sabots, par Couché (57).

> Très belle épreuve avant l'adresse de Tessari.

654. La Sentinelle en défaut, par Darcis (58).

> Très belle épreuve.

655. La Soubrette confidente, par Vidal (61).

> Très belle épreuve.

656. *The Grove. — Thè Green plat.* Deux pièces faisant pendants.

Belles épreuves.

LAWREINCE et SIMONAU (d'après).

657. On y va deux (44). — Il n'est plus temps. Deux pièces faisant pendants, gravées par Benossi.

Très belles épreuves tirées en bistre avec la première adresse, celle de Joly qui, plus tard, fut remplacée par celle de Bénard. Rares.

LEBRUN (d'après Madame VIGÉE).

658. La Vertu irrésolue, par Dennel.

Très belle épreuve avant la lettre.

659. Le Nid d'oiseaux.

Très belle et rare épreuve avant toutes lettres. Marge.

LEBRUN (d'après).

660. La Toilette de la mariée ou le Jour désiré, par Dambrun.

Très belle épreuve.

661. Le Charme de la liberté ou l'Amour vaincu. — La Liberté perdue ou l'amour couronné. Deux pièces, faisant pendants, gravées par Martini et Dambrun.

Très belles épreuves avec de grandes marges.

LE CLERC (d'après J.).

662. La Danse. — La Musique. — Le Dessin. — La Géographie. Suite de quatre pièces gravées par Ét. Jeaurat.

Très belles épreuves avec marges.

LEFORT (H.).

663. Portrait de Prud'hon (pour sa correspondance).

Très belle épreuve.

LESPINASSE (d'après le chevalier de).

664. Vue du port au blé, 1782. — Vue du port Saint-Paul, 1782. Deux pièces gravées par Berthault.

Très belles épreuves coloriées.

LEU (Th. de).

665. *Argentré* (Bernard d'), président au siège de sénéchal de Rennes (R. D. 300). In-8.

Très belle épreuve du 1er état, avant les rides sur le front.

666. *Lorraine* (Henri II, dit le Bon, duc de Bar et marquis du Pont) (307). In-4.

Très belle épreuve.

667. *Conti* (Jeanne de Coesme, princesse de) (350). In-8.

Très belle épreuve du 1er état, avant que le mot *Cocesme* ait été écrit *Coesme*.

668. *Errard* (J.), ingénieur (364). In-4.

Très belle épreuve avant l'inscription dans la marge inférieure.

669. *Gondi* (P.), évêque-cardinal de Paris (375). In-12.

Très belle épreuve.

670. *Lorraine* (Henri Ier de), duc de Guise, dit le Balafré (580). In-12.

Belle épreuve. Très rare. Col. F.-Didot.

671. *Hausée* (Jean) (R. D. 385). In-12.

Superbe épreuve.

672. *Henri IV*, d'après Isaïe Fournier (412).

Très belle épreuve. Col. F.-Didot.

673. *Laval* (Ant. de), littérateur (431). In-12.

Très belle épreuve avec marge. Rare.

674. *Montaigne* (Michel de) (461). In-8.

Très belle épreuve avec marge. Col. F.-Didot.

675. *Montpensier* (Henri de Bourbon, duc de) (464). In-8.

Magnifique épreuve. Excessivement rare de cette qualité. Col. F.-Didot.

676. *Nauticæus* (G.), géographe du roi, dans une bordure ovale sur laquelle on lit : *Guillemus Nauticæus, castelfrancus geographus regius anno ætat. L.* In-8. Non décrit.

Très belle épreuve découpée tout autour de l'ovale. Col. F.-Didot.

677. *Saint-Germain* (Denis de) (483). In-8.

Très belle épreuve du second état. Col. F.-Didot.

678. *Leblanc* (G.), camérier de Sixte V (433). — *Lorraine-Chaligny* (Louise de) (441). — *Thyard* (Pontus de), poète (496). Trois portraits in-8.

Très belles épreuves.

679. *Pont* (Marquis du). — *Bourbon* (Cath. de). — *Ayral* (P.). — *Nemours* (Duc de). — *Chaligny* (Comte de). Cinq portraits in-8.

Belles épreuves.

680. *Valois* (François de), dauphin de France. — *Louis XIII*, à cheval. — *Saint Bernard.* — *Gonzague* (Charles de). — *Pasquier* (Étienne). — *Guise* (Cardinal de). Six portraits in-4 et in-8.

Belles épreuves.

LEVESQUE (Ch.), LOMBART (L.) et autres.

681. J.-F. Balland *d'Augustebourg*, gouverneur de Saint-Domingue. — Cath.-M. de *Verthamont.* — *Ch.-E. Balbis*, comte de Vernon. — *N. van der Borcht.* Quatre portraits in-fol.

Très belles épreuves.

LEYDE (L. DE)

682. Adam et Ève (B. 10).

Belle épreuve.

683. Adam et Ève (B. 11).

Superbe épreuve. La petite marge tout autour est rapportée.

684. David jouant de la harpe devant Saül (27).

> Très belle épreuve. Elle manque de conservation.

685. L'Adoration des Mages (B. 27).

> Magnifique épreuve. Elle a été pliée, et l'un des plis a déterminé une légère déchirure au milieu du bas de l'estampe. Très rare de cette qualité.

686. Sainte Anne et saint Joachim (34).

> Très belle épreuve.

687. Le Retour de l'Enfant prodigue (78).

> Très belle épreuve. Col. F.-Didot.

688. Saint Pierre et saint Paul (106).

> Belle épreuve.

689. Marie-Madeleine se livrant aux plaisirs du monde (122).

> Superbe épreuve. Très rare de cette qualité. Col. F.-Didot.

690. Le poète Virgile suspendu dans un panier (136).

> Très belle épreuve.

691. L'Opérateur (157).

> Belle épreuve.

692. Portrait d'un jeune homme (174).

> Très belle épreuve. Col. F.-Didot.

LOMBART (P.).

693. *Hyde* (Anne), duchesse d'York, d'après P. Lély. In-8.

> Très belle épreuve.

694. *Savoie* (Charles-Emmanuel II, duc de), buste fort comme nature. Grand in-fol.

> Superbe épreuve. Col. F. Didot.

MAES (Peter) le Vieux.

695. L'Adoration des bergers.

> Très belle épreuve d'une pièce d'une très grande finesse, non décrite par Bartsch. Col. F.-Didot.

MAITRE ANONYME ALLEMAND, XVIe SIÈCLE.

696. L'Effet de la jalousie. Copie en contre-partie d'après
A. Durer.

   Épreuve imprimée sur papier bleu.

MAITRES ANONYMES ITALIENS, XVe SIÈCLE.

697. Guerriers. Petit nielle gravé dans le style de Peregrini.
Non décrit.

   Belle épreuve.

698. Cartes de tarots : Artisan, — Terpsichore, — Polymnie,
— Clio (B. 20, 30, 32 et 36).

   Belles épreuves.

699. La Sibylle de Samos (B. 16.)

   Très belle épreuve. Très rare.

700. *Gonzalve de Cordoue*, vice-roi de Lombardie. (Pass. V,
pag. 192, n° 109.)

   Très belle épreuve ayant été restaurée. Excessivement rare. Col.
F.-Didot.

701. *Raimondi* (Marc-Antoine), dans une bordure ronde sur
laquelle on lit: *Marcus Antonius Raimondus Bononiensis,
etc.* In-8.

   Très belle épreuve. Fort rare.

MAITRE ANONYME FLAMAND, XVIe SIÈCLE.

702. La Cène — Ecce homo. Deux pièces gravées dans le goût
d'Alart Claessen.

   Belles épreuves.

MAITRE ANONYME HOLLANDAIS.

703. *Nassau* (Henri-Frédéric et Maurice, princes de). Deux portraits in-fol. en pied, sur la même planche.

   Très belle épreuve. Col. F.-Didot.

P. C. (Maître au Monogramme).

704. Livre de feuilles d'orfèvrerie et de taille d'épargne, nouvellement mis au jour par P. C., avec privilège du
Roy. 1672. Cinq pièces.

Très belles épreuves avec toutes leurs marges. Rares.

MANTEGNA (A.).

705. Combat de dieux marins (B. 18).

Très belle épreuve. Col. Debois.

MARCENAY DE GHUY (Ant. de).

706. *Argenson* (M.-P. de Voyer comte d'), d'après Nattier. —
Thou (J.-A. de), historien. — *Villars* (Maréchal duc de),
d'après H. Rigaud. Trois portraits in-8°.

Superbes épreuves avant toutes lettres.

MARCOU, LE BLOND et autres.

707. Dessins d'arquebuserie. — Encadrements. — Emblèmes.
— Grotesques, etc. Vingt-quatre pièces.

Très belles épreuves.

MARILLIER (C.-P.).

708. 22 en-têtes et 34 culs-de-lampe. Ensemble 56 pièces pour
les Fables de Dorat.

Très belles épreuves du tirage hors texte.

MASSARD (R.-U.).

709. *Coetlosquet* (Mgr de), évêque de Limoges, d'après Duplessis, in-fol.

Très belle épreuve avant toutes lettres. Marge.

MARTINET (A Paris, chez).

710. *Marie-Louise*, archiduchesse d'Autriche, impératrice des
Français, en pied et en grand costume de cour. In-4°.

Très belle épreuve coloriée. Grande marge.

MUSI (A.), dit le Maître au Dé.

711. Vénus ordonnant à Psyché de démêler des amas de toutes
sortes de graines. Planche n° 22, de la suit e de Psyché
(B. 60).

Très belle épreuve avant toutes lettres.

MASSON (A.).

712. *Abelli* (L.), évêque de Rodez (R. D. 8). — Le même personnage (9). Deux portraits in-fol. et in-4°.

Très belles épreuves, la seconde pièce est du 1er état. Col. Didot.

713. *Abelli* (Louis), évêque de Rodez. — *Montbrun* (Al. Dupuy
de). Deux portraits in-fol. (8 et 26).

Très belles épreuves.

714. *Anne d'Autriche*, reine de France. Buste un peu moins
fort que nature, d'après Mignard (11). Grand in-fol.

Très belle épreuve. Col. F.-Didot.

715. *Harcourt* (Henri de Lorraine, comte d'), grand-écuyer de
France, d'après N. Mignard (34). Estampe connue sous
le nom du Cadet à la Perle. Grand in-fol.

Très belle épreuve du second état. Col. F.-Didot.

716. *Charrier* (H.), lieutenant criminel au présidial de Lyon.
D'après Blanchet (16). In-fol.

Très belle épreuve avec une grande marge. Col. F.-Didot.

717. *Colbert* (J.-N.), abbé du Bec (19). In-fol.

Très belle épreuve avec une grande marge. Col. F.-Didot,

718. *Colbert* (J.-Nicolas), abbé du Bec (20). Buste fort comme
nature. In-fol.

Très belle épreuve du second état, avec la première dédicace.
Col. de Béhague.

719. *Crécy* (Louis Verjus, comte de), membre de l'Académie
française (23). In-fol.

Superbe épreuve. Col. de Béhague.

720. *Guise* (Marie de Lorraine, duchesse de), d'après P. Mignard. In-fol (32).

> Superbe épreuve avant le lapin après le mot *pinxit*. Rare.

721. *Louis XIV*, roi de France, d'après Ch. Le Brun (43). In-fol.

> Très belle épreuve. Col. F.-Didot.

722. *Le Nostre* (André), contrôleur général des bâtiments de Sa Majesté, jardins, etc., d'après C. Maratte (55). In-fol. (A.).

> Très belle épreuve. Marge.

723. *Ormesson* (Olivier Lefèvre d'), conseiller au Parlement de Paris et maître des requêtes (58). In-fol.

> Très belle épreuve. Col. F.-Didot.

724. Marquis de *Montbrun* (26). — Hardouin *de Péréfixe* (61). — Antoine *Turgot* (66). Trois portraits in-fol.

> Très belles épreuves. Col. F.-Didot.

725. *Louis* duc *de Vendôme*, d'après P. Mignard (67). In-fol.

> Superbe épreuve avec marge. Col. F.-Didot.

MATHAM (J.).

726. Le Coucher de Vénus (B. 15). — Vénus au sortir du bain (17). — Les Nymphes de Diane s'apercevant de la grossesse de Calisto (94). — Saint Luc peignant la Vierge. Quatre pièces.

> Très belles épreuves.

727. La Vie de l'Enfant prodigue, d'après K. Van Mander. Suite de quatre pièces (B. 172-175).

> Très belles épreuves avec de grandes marges.

MECKEN (Israël van).

728. La Passion de Jésus-Christ (B. 10 à 21). Suite de douze estampes dont les numéros 14 et 21 nous manquent. Dix pièces.

> Très belles épreuves. Col. F.-Didot.

MELINI (Ch. D.) et MOITTE (P.-E.).

729. *Pollinchove* (Ch.), garde des Sceaux. — *Chauvelin* (L'abbé
H.-P.). — *Hénault* (Ch.-F.). — Trois portraits in-fol.

> Très belles épreuves, la première pièce est avant la lettre.

MERCURY (P.).

730. Les Moissonneurs dans les Marais-Pontins, d'après le tableau de L. Robert.

> Très belle épreuve avant toutes lettres, non entièrement termi-
> née. Très rare.

731. La même estampe.

> Très belle épreuve avant la lettre.

MERYON (Ch.).

732. La Pompe Notre-Dame.

> Très belle et rare épreuve avant l'adresse de Delatre. Elle est
> imprimée sur papier verdâtre.

MOITTE (d'après Ch.).

733. Le Jaloux endormi. — L'Infidélité reconnue. Deux pièces,
faisant pendants, gravées par Vidal et Dambrun.

> Très belles épreuves.

MONNET (d'après Cl.).

734. Les Baigneuses surprises. — Jupiter et Io. — Jupiter et
Anthiope. — Renaud et Armide. Quatre pièces gravées
par G. Vidal.

> Trés belles épreuves.

MONSALDY et DEVISMES.

735. Vue des ouvrages de peinture des artistes vivants exposés au Muséum central des arts en l'an VIII de la R. F.
Pl. 1.

> Très rare épreuve à l'état d'eau-forte.

MONTAIGNE (N. DE PLATTE).

736. *Habert de Montmaur* (Henri Louis II), maître des requêtes. (R. D. 24). In-fol.

> Superbe et très rare épreuve, d'un 1er état non décrit, avant l'inscription : *N. de Plate Montaigne ad vium faciebat 1659*, tracée à gauche sur la console du support.

MOREAU (J.-M.).

737. Décoration du sacre de Louis XVI, roi de France et de Navarre, à Reims, le 11 juin 1775.

> Superbe et rare épreuve à l'état d'eau-forte. Dans cet état on remarque dans la marge inférieure plusieurs griffonnements. Grande marge.

MOREAU (d'après J.-M.).

738. Déclaration de la grossesse, par P. A. Martini.

> Très belle épreuve avec les lettres AP. DR. Grande marge.

739. N'ayez pas peur, ma bonne amie, par Hélman.

> Très belle épreuve avant la lettre.

740. J'en accepte l'heureux présage, par Ph. Trière.

> Très belle épreuve avant la lettre.

741. Les Précautions, par P. A. Martini.

> Très belle épreuve avec les lettres A. P. D. R. Marge du cuivre.

742. C'est un fils, Monsieur ! par Bacquoy.

> Superbe épreuve avant la lettre.

743. Les petits Parrains, par C. Bacquoy et Patas.

> Très belle épreuve avec les lettres A. P. D. R. Marge du cuivre.

744. Le Rendez-vous pour Marly, par C. Guttenberg.

> Très belle épreuve avec les lettres A. P. D. R. Marge du cuivre.

745. L'Accord parfait, par Helman.

> Très belle épreuve avec les lettres A. P. D. R. Marge du cuivre.

746. Les Adieux, par de Launay le jeune.

Très belle épreuve avec les lettres A. P. D. R. Marge du cuivre.

747. La Dame du palais de la Reine, par P.-A. Martini.

Très belle épreuve avec les lettres A. P. D. R. Marge du cuivre.

748. Le Lever, par L. Halbou, 1781.

Superbe épreuve avant la lettre. Grande marge.

749. La Partie du wish, par Dambrun.

Superbe épreuve avant la lettre.

750. Le Souper fin, par Helman, 1781.

Épreuve à l'eau-forte pure. Dans cet état, la jeune femme que l'on voit, à droite, a les seins découverts et sa coiffure ne lui cache pas l'oreille. Excessivement rare. Collection Mülhbacher.

751. La Déclaration de la grossesse. — J'en accepte l'heureux présage. — Les petits Parrains. — C'est un fils, Monsieur! — Les Délices de la maternité. — Oui ou non. — La Rencontre au bois de Boulogne. — Le Pari gagné. Huit pièces.

Anciennes et belles épreuves.

752. Collection de figures pour les œuvres de J.-J. Rousseau, gravées d'après les dessins de Moreau, Chasselas, etc., par Dupréel, Adam Bovinet et autres, édition Dupréel. Soixante-sept pièces.

Très belles épreuves avant la pagination. Sept sont doubles en épreuves avant la lettre. Toutes marges.

753. *Marie-Antoinette* en buste, dans le temple des Grâces. Vignette illustrant les œuvres de Métastase. Gravé par J.-J. Leveau.

Très belle épreuve avec une grande marge.

754. Statue équestre de Louis XV, dont l'inauguration a été faite à Paris le 20 juin 1763. Gravé par Gaulet et Cathelin.

Très belle épreuve d'une estampe dont Moreau a seulement dessiné le charmant encadrement. Rare.

MORIN (J.).

755. *Arnauld d'Andilly* (Robert) (R. D. 42).

> Très belle épreuve du 1er état, avant beaucoup de travaux, notamment avant que l'ombre portée de la manche droite ait été prolongée jusqu'à la bordure. Très rare.

756. *Borromée* (Saint Charles d'après Ph. de Champagne) (46). — *Brachet de la Milletière* (48). Deux portraits in-fol.

> Très belles épreuves. Col. F.-Didot.

757. *Retz* (Cardinal de), d'après Ph. de Champagne (54). In-fol.

> Très belle épreuve. Col. Didot.

758. *Henri II*, roi de France, d'après Janet (59). In-fol.

> Très belle épreuve.

759. *J. Francque*, peintre du Roy (52). — *R. de Longueil*, président à mortier (65). — *M. de Marillac*, garde des sceaux (66). Trois portraits in-fol.

> Très belles épreuves. Col. F.-Didot.

760. *Harcourt* (Comte d'), grand-écuyer de France (58). — *Omer Talon*, avocat général au Parlement de Paris (74). Deux portraits in-fol.

> Très belles épreuves. Col. de Béhague et F. Didot.

761. *Louis XIII*, roi de France, d'après P. de Champagne (64). In-fol.

> Très belle épreuve. Col. Didot.

762. *Michel Le Tellier*, chancelier de France (76). — *Duc d'Angoulême*, fils naturel de Charles IX et de Marie Touchet (81). Deux portraits in-fol.

> Très belles épreuves. Col. F.-Didot.

763. *Thou* (Jacques-Auguste de), président des enquêtes du Parlement de Paris (79). In-fol.

> Superbe épreuve du 1er état, avant beaucoup de travaux dans le visage, notamment avant les trois grandes rides horizontales du front.

764. *Aug. de Thou*, président au Parlement de Paris (77). — *Ch. de Thou*, premier président (78). — *J.-A. de Thou*, président des enquêtes du Parlement de Paris (79). Trois portraits in-fol.

Très belles épreuves. Les deux premières pièces ont de très grandes marges. Col. F. Didot.

765. *Vignerod* (Jean-Baptiste Amador), abbé, puis *duc de Richelieu* (85). In-fol.

Superbe épreuve du 1er état, avant toutes lettres. Excessivement rare.

766. *Vignerod* (J.-B. Amador), abbé de Richelieu (85). — *Vitré* (Ant.), imprimeur à Paris (88). Deux portraits in-fol.

Très belles épreuves. Col. F.-Didot.

767. *Camus* (Pierre), évêque de Bellay (49). — *N. Chrystin* (51). — Ch. de Valois, *duc d'Angoulême* (81). — *F. de Villemontée*, plus tard évêque de Saint-Malo (86). — *N. Poussin*, par Ferdinand. Cinq portraits in-fol.

Très belles épreuves.

768. La sainte Face (R. D. 23). — Saint Paul (28). — Paysages (103, 104, 105 et 106). Six pièces.

Très belles épreuves.

MORRET (J.).

769. L'Hermite du Colisée, d'après H. Robert.

Superbe épreuve en couleur. Marge.

MOUCHET (d'après).

770. Couchez là ! par L. Darcis.

Très belle épreuve avec une très grande marge.

MURPHY (J.).

771. *Marie-Antoinette*, reine de France, à mi-jambes assise dans sa prison, près d'une table où se voient le buste de Louis XVI et son testament. Elle est en toilette de veuve, et porte le portrait du Dauphin, en médaillon, suspendu à sa poitrine. Gravé à la manière noire d'après la marquise de Bréhan. Gr. in-fol.

Superbe et très rare épreuve avant la lettre. Grande marge.

NANTEUIL (R.).

772. Sainte Famille (R. D. 2).— Buste du Christ (4). —Buste de la Vierge (5). Trois pièces.

> Belles épreuves.

773. Les quatre Évangelistes (7).

> Superbe épreuve du 1er état, avant les inscriptions sur la banderole. Très rare.

774. *Auvry* (Cl.), évêque de Coutances (26). In-fol.

> Très belle épreuve. Col. F.-Didot.

775. *Bailleul* (Louis de), président à mortier (36). In-fol.

> Très belle épreuve du 1er état. Rare. Col. F.-Didot.

776. *Barberin* (Ant.), cardinal (30). — *Barillon de Morangis*, conseiller d'État (31). — Ch. *Benoise*, conseiller au Parlement de Paris (38). Trois portraits in-fol.

> Très belles épreuves.

777. *Bartillat* (Et. Jehannot de), garde du Trésor royal (32). In-fol.

> Très belle épreuve du 1er état. Col. de Béhague.

778. *Beaufort* (François de Vendôme, duc de) (33). In-fol.

> Superbe épreuve du 1er état. Col. de Béhague.

779. *Bouillon* (God.-Maur. de la Tour d'Auvergne, duc de), grand chambellan de France (50). — *Charles II* de Gonzague, duc de Mantoue (62). Deux portraits in-fol.

> Très belles épreuves.

780. *Bouillon* (E.-Théodose de la Tour d'Auvergne), cardinal (53). — *Coislin* (P. Armand de Cambout), cardinal (App. 3). Deux portraits en bustes forts comme nature.

> Très belles épreuves.

781. *Bouthillier* (Victor Le), archevêque de Tours (56). In-fol.

> Très belle épreuve. Col. F.-Didot.

782. Marie *de Bragelonne* (57). — Pierre *Dupuy* (87). — Cardinal *d'Estrées* (92). — Duc *de Brunswick* (114). — *P. Lal-
lemant* (117). — Michel *Le Masle* (126). Six portraits
in-fol.

   Très belles épreuves.

783. *Bossuet* (J. Benigne), évêque de Condom puis de Meaux.
Buste presque fort comme nature (45). Grand in-fol.

   Très belle épreuve du 1er état. Très rare.

784. La même estampe.

   Très belle épreuve du 2e état. Col. F. Didot.

785. *Chapelain* (J.), poète (60). In-4.

   Très belle épreuve du 1er état. Col. Firmin-Didot.

786. La même estampe.

   Très belle épreuve.

787. *Colbert* (J.-B.), contrôleur général des finances, d'après
Ph. de Champagne (72). In-fol.

   Très belle épreuve du 2e état. Col. F.-Didot.

788. *Courtin* (H.), conseiller d'État (80).

   Très belle épreuve du 1er état. Col. de Béhague.

789. *Dorieu* (Jean), président de la cour des aides (84). In-fol.

   Superbe épreuve. Col. Camberlyn.

790. *Dunois* (Jean-Louis-Charles d'Orléans-Longueville, comte
de) (86). In-fol.

   Très belle épreuve avec marge. Col. de Béhague.

791. *Fouquet* (Basile), abbé de Barbeaux (97). *Gillier* (Melchior
de), maître d'hôtel du roi et sa femme (102-103). Trois
portraits in-fol.

   Très belles épreuves.

792. *Fouquet* (N.), surintendant des finances (98). In-fol.

   Très belle épreuve. Col. F.-Didot.

793. *Guénault* (F.), médecin de la Reine (105). In-fol.

   Très belle épreuve. Col. F.-Didot.

794. *Guébriant* (J. de Budes, comte de), maréchal de France
(106). — La *Meilleraye* (Charles de la Porte, duc de),
maréchal de France (118). Deux portraits in-fol.

Très belles épreuves. La première pièce est du 1er état.

795. *Hesselin* (L.), conseiller d'État (110). — *Longueil* (R. de),
surintendant des finances (166). — *Mesgrigny* (J. de),
premier président au Parlement de Provence (190).
Trois portraits in-fol.

Très belles épreuves.

796. *Brunswick-Lunebourg* (Jean-Fréderic, duc de) (111). —
La Vrillière (Louis Phelippeaux de), secrétaire d'État
(123). Deux portraits in-fol.

Très belles épreuves.

797. *La Meilleraye* (Charles de la Porte, duc de), maréchal de
France (118). In-fol.

Très belle épreuve.

798. *Lamoignon* (G. de), premier président du Parlement de
Paris (119). In-fol.

Très belle épreuve du 1er état. Col. F.-Didot.

799. Le même personnage (131). In-fol.

Superbe épreuve avec marge. Col. de Béhague.

800. *Le Boultz* (N.), conseiller au Parlement (124). — *Le Tellier* (Ch.-M.), archevêque de Reims (139). — *Neufville* (F. de), évêque de Chartres (203). Trois portraits.
In-fol.

Très belles épreuves.

801. Ant. *Le Pautre* (127). — M. *Le Tellier* (138). — Maurice
Le Tellier (139). — P. *de Maridat* (168). — P. *Seguier
de Saint-Brisson* (224). — F. *de Nesmond* (201). Six portraits.

Très belles épreuves.

802. *Le Tellier* (Michel), ministre d'État (129). In-fol.

Superbe épreuve du 1er état. Rare.

803. *Le Tellier* (Charles-Maurice), archevêque de Reims. Buste
fort comme nature (141). Grand in-fol.

Très belle épreuve du 1er état.

804. *Lionne* (Jules-Paul), abbé de Marmoutier et prieur de
Saint-Martin-des-Champs (147). In-fol.

Très belle épreuve du 1er état.

805. *Loret* (Jean), poète (150), in-4.

Très belle épreuve du 2e état. Col. F.-Didot.

806. *Louis XIV*, roi de France (152). In-fol.

Très belle épreuve. Col. F.-Didot.

807. *Le même personnage* (158). Buste à peu près fort comme
nature.

Très belle épreuve du 3e état. Marge. Col. F.-Didot.

808. *Mallier du Houssay* (François), évêque de Troyes (167).
In-fol.

Superbe et très rare épreuve du 1er état. Marge. Col. Alferoff.

809. *Matignon* (Léonor Goyon de), évêque de Coutances, puis
de Lisieux (172). In-fol.

Très belle épreuve du 1er état.

810. *Meaupou* (Jean de), évêque de Chalon-sur-Saône. In-f°.
(173).

Très belle épreuve.

811. *Mazarin* (Jules-cardinal de), ministre d'État (175). In-f°.

Superbe épreuve du 1er état. Rare.

812. *Le même personnage* (186). In-fol.

Très belle épreuve. Col. de Béhague.

813. *Mesmes* (Henri de), président à mortier au Parlement de
Paris (191). In-f°.

Très belle épreuve du 1er état. Col. F.-Didot.

814. *Mouy* (Henri de Lorraine, marquis de) (197). In-fol.

Très belle épreuve du 1er état. Grande marge.

815. *Neufville* (Ferdinand de), évêque de Chartres (203). In-fol.

Très belle épreuve du 1er des 9 états décrits. Excessivement rare.

816. *Peréfixe de Beaumont* (Hardouin de), archevêque de Paris. Trois portraits différents du personnage (211-212 et 213).

Très belles épreuves.

817. *Le même personnage.* [Buste fort comme nature (214). Grand in-fol.

Très belle épreuve du 1er état. Rare.

818. *Poncet* (Pierre), maître des requêtes, puis conseiller d'État (215). In-fol.

Superbe épreuve du 1er état.

819. *Richelieu (Armand-Paul* Duplessis, cardinal, duc de) (218). In-fol.

Très belle épreuve du second état. Col. F.-Didot.

820. *Saint-Paul* (Charles-Paris d'Orléans-Longueville, comte de), d'après Ferdinand (219). In-fol.

Très belle épreuve. Col. F.-Didot.

821. *Servien* (François), évêque de Bayeux (225) In-fol.

Superbe épreuve du 1er état. Marge.

822. *Turenne* (Henri de la Tour d'Auvergne vicomte de), maréchal de France. Buste fort comme nature (233). Grand in-fol.

Très belle épreuve du 4e état. Marge. Col. F.-Didot.

NATTIER (d'après).

823. La Justice, par Vidal. In-fol.

Très belle épreuve avant toutes lettres d'un portrait que l'on dit être celui d'une des maîtresses de Louis XV. Rare.

NOCHEZ (J.-É.).

824. *Rousseau* (J.-J.) en Arménien, d'après Ramsay. In-fol.

Très belle épreuve. Col. F.-Didot.

NOORDT (J. VAN).

825. La Laitière (B. 2).

Deux très belles épreuves.

OLIVIER (d'après P.).

826. Première et seconde vue de l'Ile Barbe au milieu de la
Saône, au-dessus de Lyon ; représentant le matin et l'a-
près-midi d'une fête. Deux pièces faisant pendants, gravées à l'eau-forte par Martini et terminées par Le Bas.

Très belles épreuves avec de grandes marges.

OLMUTZ (WENCESLAS D').

827. La Mort de la Vierge, d'après M. Schœn (B. 22).

Très belle épreuve. Très rare.

OSTADE (AD. VAN).

828. Paysan joyeux (F. 1). La Poupée demandée (16). Les Ha-
rangueurs (19). Le Joueur de violon bossu (44). Quatre
pièces.

Belles épreuves.

829. La Tendresse champêtre (11).

Très belle épreuve.

830. L'Homme et la Femme causant ensemble (12).

Superbe et rare épreuve du 1er état, avant de nombreux travaux,
notamment avant que les pierres, formant l'arcade qui est au-dessus
de la fenêtre, ne soient bien marquées ; la bordure est fine. Une
légère restauration dans le haut à gauche.

831. Le Fumeur et le Buveur (24ᵃ).

Très belle et rare épreuve du 2e état, avant de nombreux travaux et avec la bordure fine. Marge.

832. Le Savetier (27).

Très belle épreuve du 7e état (il y en a 9) ; avant de nombreux
travaux et avant que la vigne ait été prolongée jusqu'au trait carré
de droite Marge. Col. R. Dumesnil.

833. La Chanteuse (30).

> Très belle épreuve du 6ᵉ état, avant beaucoup de travaux. Col.
> Debois.

834. La Fileuse (31).

> Très belle et rare épreuve du 2ᵉ état, avant de nombreux travaux
> et avant que les deux traits qui vont du petit porc à la porte de la
> cave soient continus ; la bordure est fine.

835. Le Père de famille (33).

> Très belle épreuve.

836. Le Bénédicité (34).

> Très belle et rare épreuve du 2ᵉ état, avant diverses retouches.

837. Les deux Commères (40).

> Superbe épreuve du 1ᵉʳ état, la bordure est fine. Rare.

838. Le Violon et le petit Vielleur (44).

> Très belle épreuve du 4ᵉ état, avant la dernière retouche. Marge.

839. La Famille (B. 46).

> Superbe épreuve du 1ᵉʳ état, à l'eau forte pure. Col. F.-Didot.

840. La même estampe.

> Belle épreuve.

841. La Danse au cabaret (49).

> Très belle épreuve.

842. Le Goûter (50).

> Superbe épreuve du 7ᵉ état (il y en a 11), avant de nombreux
> travaux, notamment avant les tailles verticales sur le coussin de la
> chaise de l'homme debout et avant les grandes tailles obliques entre
> les deux pieds du banc sur lequel la femme est assise. Rare.

843. La même estampe.

> Très belle épreuve du 8ᵉ état.

PAROY (LE COMTE DE).

844. La Caverne de voleurs.

> Très belle épreuve en couleur. Sans marge.

PASSE (C. DE).

845. *Albert,* archiduc d'Autriche, gouverneur des Pays-Bas. —
Maurice de Nassau, prince d'Orange. Deux portraits
équestres en regard l'un de l'autre sur la même feuille;
ils sont séparés par une colonne supportant les armes
des diverses provinces des Pays-Bas. In-fol. en largeur.

Très belle épreuve. Fort rare. Col. de Béhague.

846. *Henri IV,* roi de France, représenté en buste dans une
bordure ovale équarrie, sur laquelle on lit: *Henricus
eius nominis IIII*tus etc. Petit in-fol.

Très belle et toute première épreuve avant de nombreux changements, notamment avant que la tête du personnage ait été vieillie
et avant que le fond et la bordure aient été terminés. Très rare.

847. La même estampe.

Très belle épreuve terminée. Marge.

848. *Louis XIII* jeune, assis sur le trône en costume de sacre. —
Marie de Médicis, reine régente, assise sur le trône en
costume royal. Deux charmantes pièces in-8 faisant
pendants.

Très belles épreuves. Très rares. Col. de Béhague.

849. *Louis XIII* jeune, assis sur le trône; au fond, son entrée
dans la ville de Reims. In-4 en largeur.

Très belle épreuve.

850. Les cinq Sens représentés sous les figures emblématiques
de la France, de l'Angleterre, de l'Allemagne, de l'Italie
et de l'Espagne. Cinq jolies petites pièces de forme
ronde.

Très belles épreuves. Col. de Béhague.

851. Les Saisons, deux suites. — Pièces emblématiques.
Ensemble douze pièces intéressantes comme costumes.

Très belles épreuves.

PASSE (CRESPIN ET SIMON DE).

852. *Anne*, femme de Sigismond III roi de Pologne. — *Marie*, sœur de Philippe IV, roi d'Espagne. Deux portraits in-8.

Très belles épreuves.

PATER (d'après J.-B.).

853. Marche comique, par Ravenet.

Très belle épreuve avec marge.

PENCZ (G.).

854. Tarquin et Lucrèce. — La mort de Lucrèce (B. 78, 79).

Très belles épreuves.

PESNE (J.)

855. Évanouissement d'Esther, d'après N. Poussin (R. D. 14).

Très belle épreuve avant l'adresse de Vallet.

TARDIEU et autres.

856. *Oudry* (J.-B.). — *Coustou* (G.). — *Galloche* (L.). — *Sully* (J.-B.) — *Soufflot* (J.-G.), etc. Sept portraits d'artistes.

Très belles épreuves.

PETIT (G.-E.).

857. *Boissière* (Mie G. de la Fontaine Solare de la). — Catherine de Seine, par Lépicié. — *Anne d'Autriche*, offrant à la vierge le sceptre et la couronne de France, par Mellan, Trois portraits in-fol.

Très belles épreuves.

PETIT-THOMASSIN et autres.

858. *Louis XV.* — *Marie Leckzinska.* — *Le Dauphin.* — *Piémont* (Mie Adde de France, princesse de). Quatre portraits in-4.

Très belles épreuves.

PHILIPPART et autres.

859. *Charles-Frédéric II*, roi de Prusse, à cheval. — Monument élevé à la gloire de Frédéric II. — *Rubens*. Trois pièces.

> Très belles épreuves.

PITAU (N.).

860. *Marie-Thérèse*, reine de France, d'après Beaubrun. In-fol.

> Très belle épreuve.

861. *Savoie* (Christine de France, duchesse de). — *Séguier* (P.), chancelier de France, d'après P. Montaigne. Deux portraits in-fol.

> Très belles épreuves.

862. *Séguier* (P.), chancelier de France, d'après N. de Plate-Montagne. In-fol.

> Très belle épreuve.

863. *Colbert* (N.), évêque d'Auxerre. — *Lemoyne* (P.). — La sainte Face. Trois pièces in-fol.

> Très belles épreuves.

POLLAJUOLO (A.).

864. Les Gladiateurs (B. 2).

> Belle épreuve, tachée. Très rare.

POILLY (F.).

865. *Louis XIV*, roi de France; d'après Mignard. In-fol.

> Très belle et très rare épreuve non terminée, elle est avant l'entourage, la tête seule est finie; les dentelles de la cravate et la cuirasse ne sont indiquées qu'au trait. Col. de Béhague.

866. *Le même personnage*, vu de profil, d'après P. Mignard. Buste fort comme nature. Gr. in-fol.

> Très belle épreuve.

867. *Le même personnage,* jeune. Deux portraits in-fol, différents, gravés d'après Mignard et Georgius.

Belles épreuves.

868. *Condé* (Louis II de Bourbon, prince de). — *Montpensier*
(Anne M L^se d'Orléans, Mademoiselle de). Deux portraits in-fol.

Très belles épreuves.

PONTIUS (P.).

869. *Christine,* reine de Suède. — Adolphe *Vorstius.* — *Saint-*
Aloyn, par Vissher. Trois portraits.

Très belles épreuves.

PORPORATI (C.).

870. Herminie chez les bergers. — Clorinde et Tancrède. —
Deux pièces, faisant pendants, gravées d'après C. Vanloo.

Très belles épreuves avant la lettre.

871. Vénus caressant l'Amour. — Suzanne au bain. — Le
Coucher. Trois pièces gravées d'après P. Battoni, San-
terre et Vanloo.

Très belles épreuves.

POTTER (P.).

872. Le Vacher (B. 14).

Très belle épreuve. Col. F.-Didot.

873. Le Berger (15).

Très belle épreuve avec l'adresse de Clément de Jonghe.

PRUD'HON (P.-P.).

874. Une Lecture. Lithographie originale du maître (De G., 7).

Superbe épreuve avant toutes lettres et avant un grand nombre
de travaux. Excessivement rare.

PRUD'HON (d'après P.-P.).

875. La Vendange, lith. par Aubry-Lecomte.

Ancienne et très belle épreuve.

PRIEUR (d'après L.).

876. Premier cahier de sujets arabesques en hauteur, quatre
pièces. — Deuxième cahier, quatre pièces. — Troisième cahier de sujets arabesques en largeur, six pièces.
— Dixième cahier, quatre pièces. Ensemble dix-huit
pièces.

Très belles épreuves avec toutes leurs marges.

QUEVERDO (F.-M.).

877. Premier cahier de panneaux, frises et sujets arabesques,
composé et gravé par F.-M. Queverdo. Suite complète
de six pièces.

Très belles épreuves avec toutes leurs marges. Rares.

878. Deuxième cahier de panneaux, etc. Suite complète de six
pièces.

Très belles épreuves avec toutes leurs marges. Rares.

QUEVERDO (d'après F.-M.).

879. La Nouvelle du bien-aimé, par Romanet.

Superbe et très rare épreuve avant toutes lettres, seulement les
noms des artistes tracés à la pointe. Col. de Béhague.

880. Le Couché de la mariée. — Le Levé de la mariée. Deux
pièces, faisant pendants, gravées par Patas et Dambrun.

Très belles épreuves.

881. Scène du Déserteur, opéra-comique de Monsigny, gravé
par Dambrun.

Très belle épreuve avec toute sa marge.

882. Les Beaux-Arts. Suite de quatre pièces gravées par Dambrun.

Très belles épreuves dont trois sont avant les noms des artistes
et l'adresse de Mondhare.

883. Les Saisons. Suite de quatre pièces gravées par Frussotte.

Belles épreuves.

RABEL (J.).

884. *Strozzi* (Philippe), maréchal de France. — *Pibrac* (Guy du Faur de). — Portrait d'homme, non décrit. Trois portraits in-12.

Très belles épreuves.

RABEL et autres.

885. *Albret* (Jeanne d'). — *Lorraine* (Louise de). — Quatre portraits différents. Cinq pièces in-8.

Belles épreuves.

RAFFET (d'après).

886. *Demidoff* (Le comte), en costume espagnol, par Pollet.

Très belle épreuve avant la lettre, sur chine. Rare.

RAMBERG.

887. Le Rossignol. — Le Marché d'esclaves. Deux pièces.

Très belles épreuves. La première pièce est très finement coloriée.

RAOUX (d'après J.).

888. Les Ages de la vie. Suite de quatre pièces gravées par J. Moyreau.

Très belles épreuves.

RAIMONDI (MARC-ANTOINE).

889. Adam et Ève s'enfuyant du Paradis, d'après Michel-Ange (B. 2).

Très belle épreuve ayant quelques légères restaurations.

890. Dieu ordonnant à Noé de bâtir l'arche, d'après Raphaël (3).

Très belle épreuve, restaurée. Col. F. Didot.

891. Le Massacre des Innocents, d'après Raphaël. Estampe dite au chicot (B. 18).

Très belle épreuve du 1er état, avant l'inscription sur le piédestal à droite et le monogramme de Marc-Antoine; elle est restaurée. Col. F.-Didot.

892. La Cène, d'après Raphaël (26).

Très belle épreuve, restaurée. Col. F. Didot.

893. Iphigénie, d'après Baccio Bandinelli (194).

Très belle épreuve avant l'adresse de Salamanca.

894. La Vierge à la longue cuisse (57).

Très belle épreuve.

895. La Vierge au palmier, d'après Raphaël (B. 63).

Très belle épreuve légèrement restaurée. Col. F. Didot.

896. Le Martyre de saint Laurent (104).

Superbe épreuve. Col. Péter Lély.

897. La même estampe.

Très belle épreuve, doublée et restaurée.

898. Sainte Cécile (116).

Très belle épreuve.

899. La Sibylle de Cumes, par A. Vénitien (123).

Très belle épreuve.

900. Didon, d'après Raphaël (187).

Superbe épreuve. Col. E. Galichon.

901. Léda, d'après J. Romain (232).

Superbe épreuve. Très rare. Col. F. Didot.

902. Le Jugement de Pâris, d'après Raphaël (B. 245).

Superbe épreuve avec les traces de pierre ponce très apparentes; elle est restaurée. Col. F.-Didot.

903. Le jeune et le vieux Bacchant (294).

Très belle épreuve.

904. Bacchus ou la Vendange, d'après Raphaël (306).

Très belle épreuve. Col. F.-Didot.

905. L'Amour et les trois enfants (320).

Superbe épreuve, légèrement rognée dans la partie supérieure. Col. Durand.

906. **Vénus sur la mer, par M. de Ravenne (323).**

Très belle épreuve avant l'adresse de Salamanca.

907. **Les trois Grâces (340).**

Très belle épreuve. Remargée.

908. **Jupiter embrassant l'Amour. — Mercure descendant du ciel. — Cupidon et les trois Grâces, d'après les dessins de Raphaël pour le plafond de la villa Chigi. Suite de trois estampes (342-344).**

Très belles épreuves. Col. Marochetti et F.-Didot.

909. **Vénus et Vulcain entourés d'amours, par A. Vénitien (349).**

Superbe épreuve du 1er état, avant l'adresse de A. Salamanca. Col. Josuah Reynolds.

910. **Trajan couronné par la victoire, d'après l'antique (361).**

Très belle épreuve. Col. F. Didot.

911. **La Pureté, d'après Raphaël, par A. Vénitien (379).**

Très belle épreuve. Col. W. Esdaile et F.-Didot.

912. **La Poésie, d'après Raphaël (382).**

Très belle épreuve, elle est doublée et légèrement rognée sur les quatre côtés. Col. F. Didot.

913. **La Paix (394).**

Très belle épreuve. Doublée.

914. **La Femme en méditation, d'après Raphaël (445).**

Très belle épreuve.

915. **Le Soldat frappant l'homme nu, par A. Vénitien (448).**

Très belle épreuve. Col. Debois. Rare.

916. **Les deux Hommes nus debout (464).**

Très belle épreuve.

917. **La Passion de Jésus-Christ, copies de la *Petite Passion* d'Albert Durer. Suite de trente-sept estampes (584-620).**

Très belles épreuves, pour la plupart avant les numéros, il manque le titre (584). Col. F.-Didot.

918. Sujets tirés de la vie de la Vierge, d'après Albert Durer. Quatre pièces (621, 630, 631 et 637).

Très belles épreuves avant les numéros.

REMBRANDT (Van Rijn).

919. Rembrandt avec une écharpe autour du cou. (B. 17. — Ch. Bl. 229. — Dut. 17.)

Très belle épreuve. Col. R. Dumesnil et F.-Didot.

920. Rembrandt et sa femme. (B. 19. — Ch. Bl. 203. — Dut. 19.)

Très belle épreuve teintée au lavis.

921. Rembrandt au bonnet orné d'une plume. (B. 20. — Ch. Bl. 233. — Dut. 20.)

Très belle épreuve. Col. H. Dreux et F.-Didot.

922. Rembrandt en ovale. (B. 23. — Ch. Bl. 235. — Dut. 23.)

Très belle épreuve.

923. Adam et Ève. (B. 28. — Ch. Bl. 1. — Dut. 35.)

Très belle épreuve.

924. Agar renvoyée par Abraham. (B. 30. — Ch. Bl. 3. — Dut. 37.)

Très belle épreuve.

925. Abraham et Isaac. (B. 34. — Ch. Bl. 5. — Dut. 39.)

Très belle épreuve avec marge. Col. Donadieu et F.-Didot.

926. Le Sacrifice d'Abraham. (B. 35. — Ch. Bl. 6. — Dut. 40.)

Très belle épreuve avec marge. Col. F.-Didot.

927. Le Triomphe de Mardochée. (B. 40. — Ch. Bl. 12. — Dut. 48.)

Très belle épreuve.

928. L'Ange disparaissant devant la famille de Tobie. (B. 43. — Ch. Bl. 16. — Dut. 46.)

Magnifique épreuve du 1er état, avant les travaux sur la malle et sur le terrain dans l'angle du bas de la partie gauche; elle est remplie de barbes. Très rare de cette qualité. Col. F.-Didot.

929. L'Annonciation aux bergers. (B. 44. — Ch. Bl. 17. — Dut. 49.)

Très belle épreuve. Col. de sir Thomas Lawrence et F.-Didot.

930. La Fuite en Égypte. (B. 52. — Ch. Bl. 25. — Dut. 57.)

Très belle et rare épreuve du 1er état, avec le fond de la planche teinté. Col. F.-Didot.

931. Le Repos en Égypte. (B. 58. — Ch. Bl. 31. — Dut. 63.)

Très belle épreuve avec marge.

932. Jésus ramené du Temple. (B. 60. — Ch. Bl. 38. — Dut. 70.)

Superbe épreuve remplie de barbes. Col. Cambridge.

933. La Vierge et l'Enfant-Jésus sur les nuages. (B. 61. — Ch. Bl. 32. — Dut. 64.)

Superbe épreuve du 1er état, elle est remplie de barbes et a une petite marge. Col. F.-Didot.

934. La Sainte-Famille. (B. 62. — Ch. Bl. 33. — Dut. 65.)

Très belle épreuve.

935. Jésus-Christ disputant avec les docteurs de la loi. (R. 65. — Ch. Bl. 36. — Dut. 68.)

Très belle épreuve avec barbes.

936. Jésus au milieu des docteurs. (B. 66. — Ch. Bl. 37. — Dut. 69.)

Bonne épreuve.

937. Jésus-Christ prêchant. Estampe connue sous le nom de la Petite Tombe. (B. 67. — Ch. Bl. 39. — Dut. 71.)

Très belle épreuve. L'homme coiffé d'un turban, debout sur le devant, à gauche, a le bras droit et une partie du manteau très poussés au noir. Col. E. Galichon.

938. Le Denier de César. (B. 68. — Ch. Bl. 42. — Dut. 81.)

Superbe épreuve. Col. F.-Didot.

939. Jésus-Christ chassant les vendeurs du Temple. (B. 69. — Ch. Bl. 44. — Dut. 80.)

Très belle épreuve du 1er état, avant de nombreux travaux, notamment avant que la bouche de l'homme qui est traîné par un bœuf ait été élargie.

940. La Samaritaine. (B. 70. — Ch. Bl. 45. — Dut. 72.)

Superbe épreuve du 3e état, elle est remplie de barbes. Col. F.-Didot.

941. La grande Résurrection de Lazare. (B. 73. — Ch. Bl. 48. — Dut. 79.)

Très belle épreuve. Col. F.-Didot.

942. Jésus guérissant les malades. Estampe connue sous le nom de la Pièce aux cent florins. (B. 74. — Ch. Bl. 49. — Dut. 77.)

Épreuve de la plus grande beauté et de la plus grande fraîcheur du deuxième état (1er de Bartsch). Elle est sur papier du Japon et a une marge de 4 centimètres tout autour de la planche. De la plus grande rareté de cette qualité. Col. Aylesford et E. Galichon.

943. Ecce homo. (B. 77. — Ch. Bl. 52. — Dut. 84.)

Superbe épreuve du 3e état, avant l'inscription : *Rembrandt pinx...* gravée dans la marge du bas. Col. E. Galichon.

944. Descente de croix. (B. 82. — Ch. Bl. 57. — Dut. 89.)

Très belle épreuve. Col. Weber et F.-Didot.

945. Descente de croix, dite aux flambeaux. (B. 83. — Ch. Bl. 58. — Dut. 90.)

Très belle épreuve.

946. Le bon Samaritain. (B. 90. — Ch. Bl. 41. — Dut. 75.)

Belle épreuve.

947. La Décollation de saint Jean-Baptiste. (B. 92. — Ch. Bl. 40. — Dut. 74.)

Superbe épreuve du 1er état. Rare.

948. Le Baptême de l'eunuque. (B. 98. — Ch. Bl. 69. Dut. 101.)

Très belle épreuve. Col. E. Galichon.

949. La Mort de la Vierge. (B. 99. — Ch. Bl. 70. — Dut. 102.)

Très belle épreuve. Col. E. Galichon.

950. Saint Jérôme, dans le goût d'Albert Durer. (B. 104. — Ch. Bl. 78. — Dut. 107.)

Superbe épreuve remplie de barbes. Elle est tirée sur papier fort.

951. La Jeunesse surprise par la Mort. (B. 109. — Ch. Bl. 79. — Dut. 110.)

Très belle épreuve.

952. La Fortune contraire. (B. 111. — Ch. Bl. 181. — Dut. 112.)

Très belle épreuve avant l'inscription au verso.

953. La Médée ou le Mariage de Jason et de Créuse. (B. 112. — Ch. Bl. 82. — Dut. 113.)

Très belle épreuve. La marge inférieure est coupée.

954. Trois figures orientales (Jacob et Laban). (B. 118. — Ch. Bl. 7. — Dut. 119.)

Épreuve légèrement lavée à l'encre de Chine.

955. Les Musiciens ambulants. (B. 119. — Ch. Bl. 90. — Dut. 120.)

Très belle épreuve du 1er état.

956. La Coupeuse d'ongles. (B. 127.)

Très belle épreuve. Col. Dayton et F.-Didot.

957. Le Maître d'école. (B. 128. — Ch. Bl. 99. — Dut. 128.)

Superbe épreuve du 1er état, avant les travaux à la pointe sèche, dans le coin droit du haut; elle est sur papier du Japon et a de la marge. Col. E. Galichon.

958. Le Cochon. (B. 157. — Ch. Bl. 350. — Dut. 153).

Très belle épreuve.

959. Le Chien endormi (B. 158. — Ch. Bl. 352. — Dut. 154).

Très belle épreuve avec une petite marge. Col. Cambridge.

960. Gueux debout (B. 163. — Ch. Bl. 126. — Dut. 159).

Très belle épreuve. Rare.

961. Mendiants, hommes et femmes à côté d'une butte (B. 165. — Ch. Bl. 129. — Dut. 161).

Très belle épreuve. Col. Vanden-Zande et E. Galichon.

962. Paysan déguenillé, les mains derrière le dos (B. 172. — Ch. Bl. 137. — Dut. 168).

Très belle épreuve. Col. E. Galichon.

963. Gueux assis sur une motte de terre (B. 174. — Ch. Bl. 146.
— Dut. 170).

Superbe épreuve du 1ᵉʳ état, avant la signature en toutes lettres
et les bords nettoyés. Col. Vanden-Zande et E. Galichon.

964. Mendiants à la porte d'une maison (B. 176. — Ch. Bl. 146.
— Dut. 172).

Superbe épreuve du 1ᵉʳ état, avant les contre-tailles, sur le mur.
près du nez du maître de la maison; elle a une petite marge. Collection E. Galichon.

965. Le Vieillard endormi (B. 189. — Ch. Bl. 154. — Dut. 186).

Très belle épreuve.

966. L'Homme qui pisse (B. 190. — Ch. Bl. 155. — Dut. 187).

Très belle épreuve. Col. F.-Didot.

967. La Femme qui pisse (B. 191. — Ch. Bl. 156. — Dut. 188).

Très belle épreuve. Rare. Col. F.-Didot.

968. Le Dessinateur d'après le modèle (B. 192. — Ch. Bl. 157. —
Dut. 189).

Très belle épreuve remplie de barbes.

969. Homme nu assis (B. 193. — Ch. Bl. 158. — Dut. 190).

Superbe épreuve remplie de barbes. Col. Bohm, Arozarena et
Didot.

970. Figures académiques d'hommes (B. 194. — Ch. Bl. 159.
— Dut. 191).

Très belle épreuve du 1ᵉʳ état, avec des taches blanches produites
par le défaut de morsure, près du bord gauche de la planche. Collection E. Galichon.

971. Femme nue assise sur une butte (B. 198. — Ch. Bl. 162.
— Dut. 195).

Très belle épreuve du 1ᵉʳ état, avant les travaux sur le haut de
la cuisse droite. Col. Dent.

972. Femme au bain (B. 199. — Ch. Bl. 163. — Dut. 196).

Superbe épreuve tirée sur papier du Japon. Col. E. Galichon.

973. Femme nue, les pieds dans l'eau (B. 200. — Ch. Bl. 164. — Dut. 197).

Belle épreuve.

974. Vénus (ou Diane) au bain (B. 201. — Ch. Bl. 165. — Dut. 198).

Très belle épreuve.

975. Femme nue dormant (B. 204. — Ch. Bl. 168. — Dut. 201).

Très belle épreuve.

976. Négresse couchée (B. 205. — Ch. Bl. 169. — Dut. 202).

Très belle épreuve.

977. Vue d'Omval, près d'Amsterdam (B. 209. — Ch. Bl. 312. — Dut. 206).

Très belle épreuve.

978. Le Chasseur (B. 211. — Ch. Bl. 314. — Dut. 208).

Belle épreuve.

979. La Chaumière et la Grange à foin (B. 225. — Ch. Bl. 327. — Dut. 222).

Superbe épreuve avec une petite marge. Col. Bohm, Festetis, Gawet et E. Galichon.

980. La Barque à la voile (B. 228. — Ch. Bl. 329. — Dut. 225).

Très belle épreuve. Col. Poggi et F.-Didot.

981. La Chaumière entourée de planches (B. 232. — Ch. Bl. 332. Dut. 229).

Très belle épreuve avec une petite marge.

982. Le Moulin dit de Rembrandt (B. 233. — Ch. Bl. 333. — Dut. 230).

Très belle épreuve.

983. Paysage à la vache qui s'abreuve (B. 237. — Ch. Bl. 337. — Dut. 234).

Belle épreuve.

984. Vieillard à grande barbe (B. 260. — Ch. Bl. 281. — Dut. 276).

Superbe épreuve du 1er état, avant que la planche ait été réduite.

985. La même estampe.

Très belle épreuve du 2e état.

986. Vieillard à grande barbe et bonnet fourré (B. 262. — Ch. Bl. 270. — Dut. 278).

Belle épreuve.

987. Homme à barbe courte et bonnet fourré (B. 263. — Ch. Bl. 267. — Dut. 279).

Snperbe épreuve du 3e état, avant que la planche ait été coupée sur la droite. Collections R. Dumesnil, Vanden-Zande et E. Galichon.

988. Sylvius (Jean-Corneille). (B. 266. — Ch. Bl. 186. — Dut. 268).

Très belle épreuve.

989. Menasseh ben Israël (B. 269. — Ch. Bl. 183. — Dut. 266).

Très belle épreuve.

990. Le Docteur Faustus (B. 270. — Ch. Bl. 84. — Dut. 259).

Superbe épreuve avec une grande marge. Col. John Barnard et Kalle.

991. Renier Ansloo, ministre anabaptiste (B. 271. — Ch. Bl. 170). — Dut. 254).

Très belle épreuve du 2e état, avant la réduction de la tablette et avant les tailles perpendiculaires près du trait carré, dans le haut à droite, elle est légèrement rognée dans la partie supérieure. Col. Goldsmith.

992. Abraham Fransz (B. 273. — Ch. Bl. 176. — Dut. 260).

Superbe épreuve avec le trait échappé sur la joue gauche du personnage, avant que l'ombre sur le mur ait été grattée et avant les contre-tailles sur les arbres. Grande marge.

993. Asselyn (Jean). Peintre (B. 227. — Ch. Bl. 171. — Dut. 255).

Superbe et très rare épreuve du 1er état, avec le chevalet dans le fond, derrière le personnage. Elle est rognée de 7 millimètres dans la partie supérieure, et de 1 millimètre sur chaque côté. Col. Franck, Durand, Camberlyn et F. Didot.

994. La même estampe.

> Très belle épreuve. Col. Arozarena.

995. Sylvius (Jean). (B. 280. — Ch. Bl. 187. — Dut. 269).

> Très belle épreuve.

996. Uytenbogaert, receveur des États de Hollande. Pièce connue sous le nom du Peseur d'or (B. 281. — Ch. Bl. 189. — Dut. 271).

> Magnifique épreuve du 2ᵉ état, avant les grandes tailles perpendiculaires entre les deux jambes du jeune garçon agenouillé. Excessivement rare de cette qualité.

997. Coppenol, maître écrivain. Estampe dite le Grand Coppenol (B. 283. — Ch. Bl. 175. — Dut. 258).

> Très belle épreuve sur papier du Japon ; elle est rognée à droite et à gauche.

998. Six (Le Bourgmestre) (B. 285. — Ch. Bl. 184. — Dut. 267).

> Magnifique épreuve du second état, avant le nom dans la marge à gauche : *Jean Six Æ, 29* ; à droite, l'année 1647 avec les chiffres 6 et 4 retournés. M. Dutuit, dans son manuel, cite cette épreuve comme la plus belle qu'il ait vue. Collections Arozarena et F.-Didot.

999. Première tête orientale (B. 286. — Ch. Bl. 173. — Dut. 283).

> Très belle épreuve.

1000. Homme en cheveux (B. 289. — Ch. Bl. 255. — Dut. 286).

> Très belle épreuve. Col. Firmin-Didot.

1001. Vieillard à grand bonnet qui dort (B. 290. — Ch. Bl. 286. — Dut. 287).

> Très belle épreuve. Col. E. Galichon.

1002. Vieillard à tête chauve (B. 298. — Ch. Bl. 275. — Dut. 294).

> Très belle épreuve.

1003. Vieillard à barbe carrée (B. 313 ; — Ch. Bl. 269 ; — Dut. 309).

> Superbe épreuve. Col. Volterbeck, van den Zande et E. Galichon.

1004. La grande Mariée juive (B. 340. — Ch. Bl. 199. — Dut. 329).

Très belle épreuve du 3e état.

1005. Étude pour la grande Mariée juive (B. 341. — Ch. Bl. 239. Dut. 330).

Très belle épreuve tirée avant que les bords de la planche aient été nettoyés. Col. R. Dumesnil et F.-Didot.

1006. Tête de vieille regardant en bas (B. 351. — Ch. Bl. 191. — Dut. 339).

Superbe épreuve.

1007. Étude de trois têtes de femmes (B. 367. — Ch. Bl. 250. Dict. 355).

Superbe épreuve. Col. Arozarena et E. Galichon.

REMBRANDT (par et d'après).

1008. Rembrandt et sa femme. — Agar renvoyée par Abraham. — Le bon Samaritain. — Le Christ chassant les vendeurs du Temple. — Le Bourgmestre Six. — Le grand Coppenol, etc. Vingt-deux pièces.

RENI (Guido).

1009. La Vierge avec l'Enfant-Jésus (B. 2).

Superbe épreuve du 1er état.

REYNOLDS (d'après Sir J.).

1010. *Orléans* (Louis-Philippe-Joseph, duc d'), premier prince du sang, représenté en pied en costume de hussard. Gravé à la manière noire par J.-R. Smith. Gr. in-fol.

Très belle épreuve.

RIBERA (J.).

1011. Saint Jérôme (B. 4).

Très belle épreuve du 1er état.

RICHER.

1012. La Vue. — Jeune femme faisant faire son portrait. Deux pièces intéressantes comme costumes époque Louis XIII.

Très belles épreuves.

ROBETTA.

1013. L'Adoration des Rois (B. 6).

Belle épreuve.

ROOS (J.-H.).

1014. Le Bélier et les deux Moutons (B. 13).

Très belle épreuve avant le numéro.

1015. La Bergère (31).

Superbe épreuve du 1er état. Collection Brood'hurst. Très rare.

ROSENBERG (d'après C.).

1016. Portrait en pied de Louis XVIII, par Stadler.

Très belle épreuve, en couleur, d'un portrait curieux publié à Londres le 25 mai 1814. Très rare.

ROULLET (J.-L.).

1017. La Vierge et l'Enfant-Jésus.

Superbe épreuve avant toutes lettres. Rare.

1018. *Villarcef* (Édouard, marquis de). — *Clément* (Hilaire), procureur au Parlement. — Cath. *Touchelée*, sa femme. Trois portraits gr. in-fol. et in-4.

Très belles épreuves.

ROUSSELET (G.).

1019. Les Arts libéraux. Suite de sept pièces, d'après G. Huret, intéressantes comme costumes époque Louis XIII.

Très belles épreuves. Col. de Béhague.

1020. *Condé* (Henri II de Bourbon, prince de). — *Angoulême* (Charles, duc d'). — *Louis XIV* jeune. — Le cardinal *Mazarin*. Quatre portraits in-fol.

Très belles épreuves.

ROTA (Martin).

1021. Le Jugement dernier, d'après Le Titien (B. 29).

Très belle épreuve.

RUBENS (P.-P.).

1022. La Femme à la chandelle. Gravé à l'eau-forte par le maître et terminé par Vorsterman.

Superbe épreuve. Rare.

RUBENS (d'après P.-P.).

1023. Sainte-Famille, où l'Enfant-Jésus tient un oiseau. Gravé par S.-A. Bolswert.

Superbe épreuve du 1er état, avant l'adresse de G. Hendrix. Col. Camberlyn et de Béhague.

1024. L'Adoration des Rois, par S.-A. Bolswert.

Très belle épreuve.

1025. La Flagellation. — L'Élévation en croix. — Sainte Rosalie Trois pièces gravées par P. Pontius et S.-A. Bolswert.

Belles épreuves.

SADELER (Les).

1026. *Longueval* (Charles de), comte du Buquoy. In-fol.

Très belle et rare épreuve avant toutes lettres, non entièrement terminée.

1027. *Bathory* (Sigismond), prince de Transylvanie. — *Mathias*, empereur d'Allemagne, et *Anne*, son épouse. — *Les mêmes personnages* gravés sur une même feuille par Isselburg. Quatre pièces. In-fol.

Très belles épreuves.

1028. Un festin, d'après Th. Bernard. — La Promenade, par de Ghyen. Deux pièces intéressantes comme costumes.

Très belles épreuves.

SAENREDAM (J.) et ISSELBURG.

1029. *Ach* (Jean van), peintre (B. 105).

Très belle épreuve.

SAINT-AUBIN (d'après G. DE).

1030. Ballet dansé au théâtre de l'Opéra, dans le Carnaval du Parnasse. — La Guinguette, divertissement pantomime du Théâtre-Italien. Deux pièces, faisant pendants, gravées par Basan.

Superbes épreuves avec de grandes marges. Col. de Béhague.

SAINT-AUBIN (A. DE).

1031. L^{se}-E^{lie}, baronne de ***. (Portrait de Mme de Saint-Aubin.) (E. B. 7).

Très belle et rare épreuve avant l'adresse de Saint-Aubin. Margé.

1032. *Le Coulteux du Moley* (Sophie), d'après Cochin fils. In-4 (127).

Deux très belles épreuves dont l'une est avant toutes lettres.

1033. *Necker* (J.), contrôleur général des finances, d'après S. Duplessis (196). In-fol.

Superbe et très rare épreuve (il n'y en a eu que six de tirées de cet état) avec le nom de *M. Necker* en lettres grises sur la tablette blanche et les noms de *J.-J. Duplessis pinx.*, et de *A. de Saint-Aubin sculps.*, tracés à la pointe, sans aucune autre lettre, sous le trait carré. Col. F.-Didot.

1034. Le Réfractaire amoureux; c'est sur cet autel que je prête serment (456).

Très belle épreuve avant de nombreux changements, notamment dans les armes et dans le personnage de l'abbé, lequel a été, plus tard, remplacé par un officier.

SAINT-AUBIN (d'après A. DE).

1035. Le Bal paré. — Le Concert. Deux pièces, faisant pendants, gravées par A.-J. Duclos (402 et 403).

Superbes épreuves avant l'adresse de Chereau et avant la mention de *Graveur du Roi* à la suite du nom de Saint-Aubin, dans la pièce du Concert. Très rares.

SAINT-JEAN (J.-D. DE).

1036. Femme à la mode. — Femme de qualité en déshabillé reposant sur un lit d'ange. Deux pièces.

Très belles épreuves. Sans marges.

SAVART (P.).

1037. *Livry* (N. de), évêque de Callimaque (F. 22). In-8.

Très belle épreuve avant toutes lettres.

SAVRY (Exc.).

1038. *Fairfax* (Lord Thomas). Petit in-fol.

Très belle épreuve. Rare.

SAYER (A Londres, chez).

1039. La Chambrière instruite. — L'Instant de la gaieté. — La Perte irréparable.—La Réflexion tardive. Quatre pièces.

Très belles épreuves.

SCHARP (W.).

1040. La sortie faite par la garnison de Gibraltar dans la matinée du 27 novembre 1781, d'après J. Trumbull.

Très belle épreuve.

SCHENAU (d'après J.-E.).

1041. La Cuisinière surveillante. — Le petit Glouton. Deux pièces gravées par Romanet et J. Ouvrier.

Très belles épreuves avec de grandes marges.

SCHMIDT (J.-S.).

1042. *La Tour* (Maurice-Quentin de) à une fenêtre, d'après lui-même (J. 50). In-fol.

Très belle épreuve.

1043. Le même personnage, sur un chevalet, d'après lui-même (89). In-fol.

Superbe épreuve. Grande marge.

1044. *Esterhazy* (N. comte), d'après L. Tocqué (78). In-fol.

> Très belle épreuve.

1045. *Blume* (Chr.-Fred.). — *Gorne* (F. de). Deux portraits in-fol. (65 et 70).

> Très belles épreuves. Marges.

1046. *Grapendorff* (L.-Alb. de Brandt, baronne de) (74). In-fol.

> Très belle épreuve du 1er état, avant les noms des artistes. Toute marge. Col. de Béhague.

SCHONGUAER (Martin).

1047. La Nativité (B. 4).

> Superbe épreuve. Très rare de cette qualité. Col. Bohm et F.-Didot.

1048. L'Adoration des Rois (6).

> Superbe épreuve. Col. W. Esdaile, Thiers et F.-Didot.

1049. Fuite en Égypte (7).

> Très belle épreuve. Col. F.-Didot.

1050. La Prise de Jésus-Christ (10).

> Superbe épreuve.

1051. Jésus-Christ devant le grand-prêtre (11).

> Très belle épreuve. Col. Marshall et F.-Didot.

1052. Le Couronnement d'épines (13).

> Superbe épreuve. Col. Maberly, Arozarena, Marshall et F.-Didot.

1053. La Sépulture (18).

> Superbe épreuve, avec une légère déchirure dans la partie supérieure de l'estampe. Col. E. Galichon.

1054. La Résurrection (20).

> Superbe épreuve, Col. F.-Didot.

1055. Jésus-Christ à la Croix (23).

Belle épreuve.

1056. Jésus-Christ à la Croix (24).

Superbe épreuve. Col. W. Esdaile, Marshall et Alferof.

1057. Jésus-Christ en croix (25).

Superbe épreuve. Très rare de cette qualité. Col. F.-Didot.

1058. La Vierge assise dans une cour (32).

Superbe épreuve. Col. E. Galichon.

1059. La Mort de la Vierge (33).

Très belle épreuve. Collection E. Galichon.

1060. Les douze Apôtres représentés debout. Suite de douze estampes (34-45).

Belles épreuves. Col. du prince de Paar et E. Galichon.

1061. Saint Judas Thadée (42).

Petite copie contemporaine gravée en contre-partie par un anonyme.

1062. Saint Antoine (46).

Très belle épreuve. Col. du prince de Paar et E. Galichon.

1063. Saint Étienne (49).

Très belle épreuve. Col. Böhm et F.-Didot.

1064. Saint Georges (52).

Bonne épreuve. Col. E. Galichon.

1065. Saint Jean-Baptiste (54).

Belle épreuve.

1066. Saint Jean l'Évangéliste (55).

Belle épreuve. Col. du prince de Paar et E. Galichon.

1067. Saint Laurent (56).

Très belle épreuve. Col. Böhm et F.-Didot.

1068. Saint Martin (57).

Très belle épreuve. La partie blanche du papier, à gauche, est rapportée.

1069. Saint Michel (58).

Belle épreuve.

1070. La Véronique (66).

Très belle épreuve. Très rare.

1071. Le Sauveur (68).

Très belle épreuve.

1072. Dieu couronnant la sainte Vierge (72).

Superbe épreuve; une très légère restauration au haut à gauche, dans la partie blanche de l'estampe. Excessivement rare de cette qualité. Col. R. Dumesnil et Debois.

1073. La même estampe.

Bonne épreuve.

1074. Le Départ pour le marché (88).

Belle épreuve.

1075. Un Ange à ailes déployées (96).

Très belle épreuve avec marge. Col. F.-Didot.

1076. Jeune femme assise sur un siège de gazon (97).

Superbe épreuve. Col. Böhm et F.-Didot.

SCHUPPEN (P. Van).

1077. *Borri*, fameux chimiste, d'après J. Ovens. In-fol.

Superbe et très rare épreuve avant la lettre et avec les médaillons, décorant les quatre angles, blancs. Marge. Col. de Béhague.

1078. *Bouillaud* (Ismaël), astronome. — *Hamon*. Deux portraits in-4 et in-8.

Superbes épreuves avant toutes lettres.

1079. *Christine*, reine de Suède. In-fol.

Superbe épreuve avant toutes lettres. Toute marge.

1080. *Deshoulières* (Antoinette de la Garde, veuve), d'après S. Chéron. In-8.

> Très belle épreuve. Grande marge.

1081. *Desponts* (Ph.), théologien, d'après J. van Schuppen. In-fol.

> Superbe épreuve avant la seconde ligne de texte et avant les mots : *Ætatis suæ* 73. Rare.

1082. *Este* (Renaud d'), cardinal. In-fol.

> Très belle épreuve. Grande marge.

1083. *Gondy* (J.-François de), cardinal de Retz. In-fol.

> Très belle épreuve. Rare.

1084. *Haroys* (Guil. de), seigneur de la Seilleraye, conseiller du roi, trésorier des États de Bretagne, d'après F. de Troy. In-fol.

> Très belle épreuve avec marge. Rare.

1085. *Louis XIV*, roi de France. Buste fort comme nature, dans une bordure ovale tronquée de chaque côté; gravé d'après P. Mignard, 1672. Grand in-fol.

> Très belle épreuve. Col. de Béhague.

1086. *Mazarin* (Jules), cardinal, d'après P. Mignard, 1661. In-fol.

> Superbe épreuve.

1087. *Maximilien-Henri*, archevêque-électeur de Cologne. Grand in-fol.

> Très belle épreuve.

1088. *Bourlemont* (Ch.), archevêque de Toulouse. — *N. de la Reynie*, maître des requêtes. — Duc d'*Epernon*. — Marquis de *Nerestang*, deux portraits différents. Ensemble cinq portraits. In-fol.

> Très belles épreuves.

SCOTIN (G.).

1089. *Orléans* (Philippe, fils de France, duc d'). Buste fort comme nature, d'après P. Mignard. Grand in-fol.

> Très belle épreuve. Col. de Béhague.

SILVESTRE (ISRAEL).

1090. Les lieux les plus remarquables de Paris et des environs. Suite de douze pièces (F. 48).

Superbes épreuves du 1er état, avant la désignation des vues et avant que les numéros aient été effacés. Rares.

1091. L'hôtel de Nevers et les galeries du Louvre. — Vue de la tour neuve de l'hôtel du Grand-Prévost et de la galerie du Louvre. — Vue du Louvre par dedans le bâtiment neuf. — Vue de la tour de Nesle et du Louvre. — Les galeries du Louvre.— Église royale, collégiale et paroissiale de Saint-Germain-l'Auxerrois à Paris. Six pièces très intéressantes sur Paris.

Très belles épreuves avec de grandes marges. Rares.

SIMON (P.).

1092. *Louis XIV* en pied et en costume romain. In-fol.

Deux épreuves, dont l'une, du 1er état, est avant de nombreux changements.

SIMONIN.

1093. « Plusieurs pieces et autres ornemens pour les arquebuziers et les brizures démontée et remontée, le tous designé et gravé par Simonin, *se vend chez la veuve... avec privilége* 1693. » Dix pièces y compris le titre.

Très belles épreuves.

SOCIÉTÉ DE GRAVURE FRANÇAISE
(Publications de la).

1094. Dix-neuf années complètes, 1868 à 1887 inclusivement, moins deux pièces : La Maîtresse du Titien de Danguin (1868), et l'Ensevelissement du Christ de Danguin (1876). Ensemble cinquante-sept estampes.

Superbes épreuves avant la lettre.

SOLIS (VIRGILE).

1095. Les Muses. — Les Héros et les Héroïnes les plus célèbres de l'histoire. Cinq pièce dans des encadrements variés.

Belles épreuves.

SOMPEL (P. VAN).

1096. *Médicis* (Marie de), reine de France, d'après Ant. Van Dyck. In-fol.

Superbe épreuve avant le numéro.

SON (N. DE).

1097. L'excellent frontispice de l'église de l'abbaye de Saint-Nicaise de Reims, 1625.

Très belle épreuve. Rare.

SOUTMAN (P.).

1098. Vénus endormie. — Jupiter et Antiope. Deux pièces d'après le Titien et Van Dyck.

Très belles épreuves.

STRANGE (R.).

1099. La Fortune, d'après Le Guide.

Superbe épreuve avant toutes lettres et avec toute sa marge. Col. de Béhague.

1100. Vénus. — Danaé. Deux pièces, faisant pendants, d'après le Titien.

Marges.

1101. Vénus et Adonis, d'après Le Titien.

Très belle épreuve.

SUIDERHOEF (J.).

1102. *Ampsing* (Samuel), d'après F. Hals. In-fol. (H. 6.)

Superbe épreuve du 1er état, avant toute adresse ; marge. Très rare.

1103. *Coccejus* (20). — *H. Goltzius* (30). — *Albert II* (3). — *Frédéric III* (27). Quatre portraits in-fol.

Très belles épreuves.

1104. *Keyser* (Henri de), d'après T.-D. Keyser (46). In-4.

Très belle épreuve du second état. Rare. Col. F. Didot.

1105. Les quatre Bourgmestres d'Amsterdam attendant l'arrivée de la reine Marie de Médicis, d'après Van Keyser. In-fol. (102).

Superbe épreuve.

SURUGUE LE FILS.

1106. *Silvia*, actrice de la Comédie-Italienne, d'après De la Tour, In-fol.

Très belle épreuve.

SEYMOUR-HADEN (F.).

1107. *Battersea reach.*

Superbe épreuve du 1er état.

1108. *Egham lock.*

Superbe épreuve du 1er état, sur papier de Chine volant.

1109. *A river' in Ireland.*

Superbe épreuve du second état, sur papier de Chine volant.

TAVERNIER excud.

1110. Costumes époque Louis XIII. Trois jolies petites pièces gravées dans le goût de Saint-Igny.

Très belles épreuves.

TOUZÉ (d'après).

1111. Tableau magique de Zémire et d'Azor, par Voyez le jeune.

Deux épreuves, à l'état d'eau-forte, imprimées au recto et au verso de la même feuille.

TRINQUESSE (d'après L.).

1112. **L'Irrésolution, ou la Confidence**, par J.-A. Pierron.

Très belle épreuve avec marge.

TROUVAIN (A.).

1113. *Le Petit* (Denise Camusat, épouse de l'imprimeur Pierre). Grand in-4.

Très belle épreuve avant la lettre.

TROYEN (L.).

1114. *Louis XIV*, roi de France. — *Marie-Thérèse*, reine de France, sa femme. Deux portraits équestres sur la même feuille, d'après P. Mignard. Grand in-fol.

Très belle épreuve. Rare.

ULIET (J.-G. VAN).

1115. Saint Jérôme (B. 13).

Superbe épreuve du 1er état, avant l'adresse de Dankerts.

VAILLANT (W.).

1116. *Son portrait.* — Le prince *Rupert.* — François *Lefèvre*, etc. Six pièces gravées à la manière noire.

Très belles épreuves.

VALLET (G.).

1117. *Balzac* (Jean-Louis Guez, seigneur de), célèbre littérateur français. In-4.

Très belle épreuve.

VALLET (G.) et VERMEULEN (C.).

1118. *Louis*, le Grand-Dauphin, d'après Jouvenet. — *J. Charron*, marquis de Ménard. — Michel Le Tellier, marquis de *Barbezieux*, d'après Mignard. Trois portraits in-fol.

Très belles épreuves.

VANGÉLISTY (V.).

1119. *Apchon* (M.-Ant. d'), archevêque d'Auch. in-fol.
Très belle épreuve avant toutes lettres.

1120. *Vergennes* (Ch. comte de), d'après Collet. In-fol.
Très belle épreuve avant toutes lettres. Col. F. Didot.

VANLOO (d'après C.).

1121. La Comédie. — La Tragédie. Deux pièces, faisant pendants, gravées par Salvador.
Très belles épreuves avec marges.

VÉNITIEN (A.).

1122. Vases. — Frises. Neuf pièces.
Très belles épreuves.

VERNET (D'après J.).

1123. Les Ports de France. Quatorze pièces gravées par Cochin et Le Bas.
Très rares épreuves à l'état d'eau-forte,

VERNET (FANNY), née MOREAU.

1124. *Joseph Vernet. — Carle Vernet. — J. M. Moreau*, trois portraits lithographiés réunis sur une même feuille.
Rare.

VISSCHER (C.).

1125. *Vondel*, poète hollandais (S. 120).
Superbe épreuve du 2ᵉ état, avant la lettre mais avec la statue de la Foi remplaçant celle du Faune. Col. Debois, Archinto, Kalle et F. Didot.

1126. *Westerbaen* (I.) (125).
Superbe et rare épreuve du 1ᵉʳ état, avant toutes lettres. Col. F.-Didot.

VISSHER (C. excud).

1127. Assassinat de Henri IV représenté dans un grand médaillon entouré des portraits de Henri IV, de Marie de Médicis, de Louis XIII et de Ravaillac; aux quatre coins, des scènes du supplice de Ravaillac. Gravure à l'eauforte anonyme.

Très belle épreuve. Fort rare. Col. F.-Didot.

1128. *Marie*, reine d'Angleterre et d'Écosse. Gravé à la manière noire. In-fol.

Très belle épreuve. Grande marge.

VORSTERMAN (H.).

1129. La Querelle des Paysans, d'après P. Breughel.

Très belle épreuve.

VOYEZ (M.-J.).

1130. *Louis XVI*, roi de France en pied.

Très belle épreuve.

1131. *Penthièvre* (L.-J.-M. de Bourbon, duc de). In-4.

Superbe et très rare épreuve avant toutes lettres.

WATERLOO (A.).

1132. Le jeune Tobie (B. 134).

Très belle épreuve. Col. E. Galichon.

WATTEAU (d'après A.).

1133. L'Assemblée galante, par Ph. Le Bas.

Superbe et rare épreuve avant toutes lettres et avant de légers travaux. Col. de Béhague.

1134. Le Bosquet de Bacchus, par C.-N. Cochin.

Très belle épreuve.

1135. Camp volant. — Escorte d'équipages. Deux pièces gravées par N. Cochin et L. Cars.

Très belles épreuves avec de grandes marges.

1136. Les Champs-Élysées, par F. Tardieu.

Superbe épreuve avec toute sa marge.

1137. Le Conteur, par C.-N. Cochin.

Très belle épreuve.

1138. Les deux Cousines, par Baron.

Superbe épreuve avant toutes lettres et avec toute sa marge. Col. de Béhague.

1139. Diane au bain, par P. Aveline.

Très belle épreuve avec marge.

1140. Harlequin jaloux, par Chedel.

Très belle épreuve avec une grande marge.

1141. Louis XIV, mettant le cordon bleu à Monsieur de Bourgogne, etc., par N. de Larmessin.

Très belle épreuve avec une grande marge.

1142. La Partie carrée, par J. Moyreau.

Très belle épreuve avec une très grande marge.

1143. Le Passe-temps, par B. Audran.

Superbe épreuve avec toute sa marge.

1144. Rendez-vous de chasse, par Aubert.

Superbe et très rare épreuve avant toutes lettres. Col. de Béhague.

1145. Rendez-vous de chasse, par B. Audran (Portrait de Mme de Verthamont, nièce de M. de Julienne).

Très belle épreuve avec une grande marge.

1146. La Signature du contrat de la noce de village. Grande pièce gravée par Ant. Cardon.

Très belle épreuve. Sans marge.

1147. La Toilette, par Mercier.

Superbe épreuve d'une pièce très rare gravée à l'eau-forte, marge Col. de Béhague.

WIERRIX (Le).

1148. Rosaire. Suite complète de huit pièces, le titre compris (Alv. 461-468).

> Superbes épreuves.

1149. *Albert,* archiduc d'Autriche, en habit de cardinal et coiffé de la barette. In-12.

> Superbe épreuve d'un portrait non décrit.

1150. *Beck* (J.). In-8.

> Très belle et très rare épreuve avec marge. Non décrit. Col. F.-Didot.

1151. *Malherbe* (F. de), d'après Dumoustier (1609). In-8.

> Très belle épreuve. Non décrit.

1152. *Albert* Archiduc d'Autriche, en cardinal. — *Guillaume,* comte palatin du Rhin (1915). Deux portraits in-8.

> Très belles épreuves.

1153. *Henri III,* roi de France (1919). In-12.

> Très belle épreuve.

1154. *Loyola* (Ignace de). Deux portraits in-12 (1933-1934).

> Très belles épreuves.

1155. Portrait d'homme, représenté à mi-corps dans une bordure ovale, sur laquelle on lit : *De Joust naer, v land...,* 1577. In-8.

> Très belle épreuve. Non décrit. Col. F.-Didot.

WILLE (J.-G.).

1156. Crillon (Jean-Louis Berton de), archevêque de Narbonne. In-8.

> Très belle épreuve avec marge. Rare.

1157. *Frédéric II,* roi de Prusse, d'après Ant. Pesne, 1757.

> Très belle épreuve avec marge. Col. de Béhague.

1158. *La Mothe Houdancourt* (Ph. de), maréchal de France. In-4.

Très belle épreuve. Rare.

1159. *Largillière* (M^{te}-El^{th} de), d'après N. de Largillière, 1738. In-fol.

Belle épreuve.

1160. *Lescalopier*. In-4.

Superbe épreuve. Rare. Col. F.-Didot.

1161. *Lowendal* (Woldemar de), maréchal de France, d'après De la Tour. In-fol.

Très belle et rare épreuve avant la lettre et avant les armes terminées. Col. de Béhague.

1162. *Christian Wolff*, mathématicien et philosophe. In-8.

Superbe épreuve avant toutes lettres. Très rare.

1163. *Elisabeth-Augusta*, femme de Charles-Théodore, comte palatin. — *Chicoyneau*, médecin. — *Tycho-Hofman*, gentilhomme danois. Trois portraits in-4 et in-8.

Très belles épreuves.

WILLE FILS (d'après P.-A.).

1164. La double Récompense du mérite, par J. Avril.

Très rare épreuve à l'état d'eau-forte.

1165. Le Patriotisme français. — La double Récompense du mérite. Deux pièces, faisant pendants, gravées par J. Avril.

Superbes épreuves avant la lettre, seulement les titres et les noms des artistes tracés à la pointe, en caractères très fins, sous le trait carré, au-dessus de la tablette.

1166. Les Joueurs, par J. Romanet.

Très belle épreuve avec marge.

ZASINGER (Mathieu).

1167. La Décollation de sainte Catherine (B. 8).

Belle épreuve.

1168. Le grand Tournoi (14).

> Très belle épreuve. Col. F.-Didot.

1169. L'Embrassement (15).

> Superbe épreuve. Col. E. Galichon.

1170. Les deux Amants (16).

> Très belle épreuve. Restaurée.

1171. Le Mari subjugué par sa Femme (18).

> Superbe épreuve. Col. F.-Didot.

ZWOTT (dit LE MAÎTRE DE LA NAVETTE).

1172. Les trois Rois (B. 1).

> Très belle épreuve du second état, elle a quelques restaurations
> dans la partie supérieure de l'estampe. Fort rare. Col. F. Didot.

LIVRES

1173. L'Art. Revue hebdomadaire illustrée. *Paris, librairie de l'art, Hippolyte Heyman. J. Rouam, éditeurs.* Treize années complètes se suivant sans interruption de 1875 à 1887. 53 vol. in-fol. cart.

1174. Gazette des Beaux-Arts. Courrier européen de l'art et de la curiosité. *Paris, 1859 à nos jours.* 23 années complètes 1859 à 1881 inclusivement, moins la livraison 204 du tome X et la livraison 213 du tome XI; plus les 5 premières livraisons de l'année 1882, l'annuaire des années 1869 à 1872, et les tables du tome I au tome XXV.

> Les quatre premières années, 1859-1862 sont brochées, les trois suivantes 1863-1865 sont en demi-rel. maroq. rouge et le reste est en livraisons.

1175. Album de la Gazette des Beaux-Arts. Cinquante gravures d'après les maîtres anciens et modernes. *A Paris, Bureau de la Gazette des Beaux-Arts.* 1 vol. in-fol. maroq. rouge dentelles.

1176. Album de la Gazette des Beaux-Arts. Cinquante gravures d'après les maîtres anciens et modernes. Seconde série, 1870. *A Paris, bureau de la Gazette des Beaux-Arts.* 1 vol. in-fol. demi-rel. maroq. rouge.

1177. Les Gemmes et Joyaux de la couronne, dessinés et gravés à l'eau-forte par Jules Jacquemart, expliqués et publiés par Henry Barbet de Jouy. *Paris, à la Chalcographie des Musées impériaux,* 1865. 60 pl. 2 vol. in-fol.

> Très bel exemplaire en épreuves avant la lettre.

1178. Eaux-fortes d'après Frans Hals par William Unger, avec une étude sur le maître et ses œuvres, par C. Vosmaer. *Leide, A.-W. Sijthoff*, 1873-1874. Suite complète de 20 planches.

Très bel exemplaire en épreuves d'artiste, avant toute lettre, sur ancien papier de Hollande.

1179. Eaux-fortes par William Unger d'après les maîtres anciens et modernes, commentées par C. Vosmaer. *Leide, A. W. Sijthoff*, 1879. Seconde série. Suite complète de 7 livraisons numérotées de 8 à 14.

Très bel exemplaire en épreuves de choix sur ancien papier de Hollande et montées sur carton.

1180. Curiosités du musée d'Amsterdam, fac-similé d'estampes de maîtres inconnus du xve siècle par J. W. Kaiser. *Utrecht, Kemink et fils, éditeurs*, 33 pl. et texte. 1 vol. in-fol. demi-rel.

1181. Gazette archéologique. Recueil de monuments pour servir à la connaissance et à l'histoire de l'art antique, par J. de Witte et F. Lenormant. *Paris, A. Lévy, éditeur* 1875. 10 années complètes 1875 à 1880, — 1884 à 1887, plus 4 livraisons de l'année 1881 et 4 livraisons de l'année 1887.

Exemplaire broché et en livraisons.

1182. *Engravings illustrative of Don Quixote from pictures of Robert Smirke, esq.* Suite complète de 74 vignettes et fleurons.

Superbe exemplaire sur chine, les vignettes lettres grises et les fleurons tirés hors texte.

1183. Sonnets et eaux-fortes. *Paris, Alphonse Lemerre*, 1869. 1 vol. in-4, broché.

Très bel exemplaire, grand papier non rogné.

1184. Paris pittoresque dessiné d'après nature et gravé à l'eau-forte par A. Delauney. *A Paris, chez l'auteur*, 1870, 72 planches. 1 vol. in-fol. demi-rel. mar. rouge.

1185. Muntz (Eug.). Les Précurseurs de la renaissance, par Eug. Muntz. *Librairie de l'Art, Paris et London*, 1882. 1 vol. grand in-4, cart.

1186. Les Dessins des maîtres anciens exposés à l'École des Beaux-Arts en 1879, par M. le marquis de Chennevières. *Paris, Gazette des Beaux-Arts,*1880. 1 vol. in-4. broché.

1187. Notice des curieux et des amateurs de l'art contenant une notice abrégée des principaux graveurs et un catalogue raisonné de leurs meilleurs ouvrages, depuis le commencement de la gravure jusqu'à nos jours. Par Huber et C. H. Rost. *A Londres et Zurich,* 1797-1808. 9 tomes, reliés en 5 vol. petit in-8, cart.

1188. Le Peintre-Graveur, par Adam Bartsch. *Leipzig, chez J.-A. Barth, libraire-éditeur,* 1866. 21 vol. in-4° brochés, dont nous ne possédons que 20 (manque le tome XVII). Les 5 premiers vol. sont de la réimpression de 1876.

1189. Supplément au Peintre-Graveur de Adam Bartsch, par R. Weigel. *Leipzig,* 1843. 1 vol. in-8° broché.

1190. Le Peintre-Graveur, par J. D. Passavant. — *Leipsic, Rudolph Weigel,* 1860-1864. 6 vol. in-4° brochés.

1191. Le Peintre-Graveur français, par R. Dumesnil. *Paris,* 1835-1850. Tomes I à VIII, demi-rel. mar. vert.

1192. Manuel de l'Amateur d'estampes, par J.-Ch. Le Blanc. *Paris, Chez P. Janet, libraire-éditeur,* 1856-1857. 3 vol. in-4° brochés.

1193. L'Œuvre complet de Rembrandt décrit et commenté par M. Eugène Dutuit et reproduit à l'aide des procédés de l'héliogravure par M. Charreyre. *Paris, A. Lévy, libraire-éditeur* 1883. 3 vol. in-fol. et un atlas, demi-rel.

1194. L'Œuvre de Rembrandt, décrit et commenté par M. Charles Blanc. *Paris, A. Quantin,* 1880. 1 vol. in-fol. de texte et 348 pl.

Très bel exemplaire incomplet de 2 planches, les n°ˢ 19 et 166.

1195. L'Œuvre de Rembrandt, reproduit et publié par Armand Durand. 344 planches renfermées en 2 portefeuilles et 1 atlas grand in-fol.

1196. Catalogue illustré, avec prix marqués des dessins et estampes composant la collection de M. A. Firmin-Didot.
Avril-mai 1877. Plus la table des prix d'adjudication.
1 vol. grand in-4° broché.

1197. Catalogue illustré des tableaux anciens, dessins, gravures, objets d'art et de haute curiosité composant les
collections de M. le comte de la Béraudière. Mai 1885.
1 vol. grand in-4° broché.

1198. Catalogues des ventes San Donato, de Pourtalès, Wilson,
de la Béraudière, Schwiter, Burat, de Béhague, E. Galichon. A.-F. Didot, etc., etc. 14 vol. in-4° brochés.

Paris. — Typ Chamerot et Renouard, 19, rue des Saints-Pères. — 31914.

www.ingramcontent.com/pod-product-compliance
Ingram Content Group UK Ltd.
Pitfield, Milton Keynes, MK11 3LW, UK
UKHW020836120726
13693UKWH00002B/682